सामान्य गणित
पेचीदे प्रश्न

सामान्य गणित पेचीदे प्रश्न

वीरेंद्र कुमार

विद्या विहार, नई दिल्ली

प्रकाशक : विद्या विहार,
19, संत विहार (पहली मंजिल) गली नं. 2, अंसारी रोड, नई दिल्ली–110002
 / संस्करण : 2024 / मूल्य : तीन सौ रुपए
मुद्रक : आर–टेक ऑफसेट प्रिंटर्स, दिल्ली ISBN 978-93-82898-66-5

SAMANYA GANIT, PECHEEDE PRASHNA
by Virendra Kumar ₹ 300.00
Published by **VIDYA VIHAR**
19, Sant Vihar (First Floor), Street No.2, Ansari Road, New Delhi-2

प्राक्कथन

कुछ प्रश्न ऐसे होते हैं जिनका हल खोजना बहुत कठिन होता है। इन प्रश्नों में बहुत सारी तकनीकों का प्रयोग कर इन्हें हल करने का मार्ग खोजना पड़ता है। इसके लिए बुद्धि-चातुर्य की आवश्यकता होती है। इन्हें 'ट्रिक क्वेश्चंस' कहते हैं। 'ट्रिक क्वेश्चंस' का दूसरा नाम 'रिडिल्स' भी है। हिंदी में इन्हें 'पेचीदा प्रश्न' या 'पहेलियाँ' कहेंगे। चूँकि 'रिडिल्स' का हल करना काफी कठिन और परेशान करनेवाला होता है, अत: इनको 'पजल्स' भी कहते हैं। पहेलियाँ उलझे प्रश्न होती हैं। सीधे-सीधे किसी फॉर्मूले में फिट करके इनके हल ज्ञात नहीं किए जा सकते, यदि किए भी जा सकते हैं तो ये फॉर्मूले आम व्यक्ति की जानकारी से परे ही होते हैं। कहने का अर्थ है कि इनके हल प्राप्त करने के लिए युक्तियाँ ही काम आती हैं। यथा संख्या 10000001 किस संख्या से विभाजित होगी? यहाँ 10000001 को विभाजित करनेवाली संख्याओं को तलाश करने के लिए अनेक युक्तियों का प्रयोग करना पड़ेगा। यह एक लंबी प्रक्रिया है। एक भाजक प्राप्त हो जाने पर अन्य भाजक प्राप्त करना अपेक्षाकृत सरल हो जाता है। यदि व्यक्ति परिश्रम करके इसके गुणनफल ज्ञात कर लेता है और दूसरे व्यक्ति के सम्मुख इस प्रश्न को रखता है, तब यह प्रश्न उस व्यक्ति के लिए पहेली बन गया। पहेलियों के हल पेचीदा तथा सरल भी हो सकते हैं अथवा दुरूह और श्रमसाध्य भी। पहेलियों की पेचीदगी ज्ञात होने पर इनका हल आसान हो जाता है। यथा—किसी व्यक्ति को यह नहीं मालूम कि एक से लेकर n तक की प्राकृतिक संख्याओं का योग n तथा इसके क्रमानुयायी n^+ के गुणनफल का आधा होता है, तब एक सरल आंकिक प्रश्न कि 1 से 100 तक प्राकृतिक संख्याओं का योग क्या होगा, एक 'पहेली' ही है। पहेली कुछ विशिष्टता लिये एक सामान्य प्रश्न मात्र होती है। पहेलियों के गुण निम्नलिखित हैं—

1. भाषा में लपेट, 2. कूट भाषा, 3. अज्ञात तकनीक, 4. विरोधाभास, 5. व्यापक क्षेत्र की अविख्याततता, 6. जटिलता, 7. काव्यात्मकता, 8. सरल प्रमाण।

सामान्यत: हम लोगों को कहते हुए सुनते हैं, 'पहेलियाँ मत बुझाओ, जो भी कहना है सीधे-सीधे कहो।' इस बात से स्पष्ट है कि पहेलियाँ बुझाने का अर्थ है कि किसी बात को सीधे-सीधे न कहते हुए उसे रहस्यपूर्ण बनाकर व्यक्ति की जिज्ञासा जाग्रत् कर प्रश्न में रोचकता लाना। पहेलियाँ साधारण प्रश्न ही होते हैं, परंतु इनको प्रस्तुत करने का ढंग अलग होता है। हम कहें, "चौवन, पचपन और छप्पन में सबसे बड़ी संख्या कौन सी है?" तो यह एक सीधा-सादा प्रश्न है, परंतु यदि कहें 'सतहत्तर, अठहत्तर और उनहत्तर में कौन सी संख्या सबसे बड़ी है?' तब यह प्रश्न सीधा होते हुए भी अपने अंदर एक रहस्य लिये है। अत: यह एक पहेली बन गया, क्योंकि इस प्रश्न का गलत उत्तर देकर व्यक्ति स्वयं अपनी मूर्खता पर हँसता है। यह रहस्ययुक्त प्रश्न है, जो विनोद का वातावरण उत्पन्न कराता है। इसी प्रकार छोटे-छोटे बच्चों, जो जोड़ और घटाना सीख रहे होते हैं, से पूछा जाए कि एक रूमाल के चार कोनों में से एक कोना काट दिया जाए तो कितने कोने शेष बचेंगे। यह उनके लिए मनोरंजन की चीज है। प्रस्तुत पुस्तक में सामान्य गणित के 'पहेली' वर्ग में आनेवाले कुछ पेचीदे प्रश्नों का संग्रह किया गया है, जो सामान्य व्यक्ति या गणित के विद्यालय स्तर के विद्यार्थियों के लिए मनोरंजन का साधन हो सकते हैं। ये प्रश्न पाठक के मन में गणित-अध्ययन के प्रति रुचि पैदा करने के साथ-साथ उनका ज्ञानवर्धन भी करेंगे।

—वीरेंद्र कुमार

अनुक्रमणिका

अध्याय-1

सरल बाल पहेलियाँ

1. एक पेड़ पर पचास चिड़ियाँ बैठी हैं। एक शिकारी आता है और शिकार करने के लिये अपनी बंदूक से गोली चला देता है, जिससे दो चिड़ियाँ तुरंत मर जाती हैं और पेड़ के नीचे गिर पड़ती हैं। बताओ, कितनी चिड़ियाँ पेड़ पर रह गईं?

2. बच्चो! मैं अपने रूमाल के चारों कोनों में से एक कोना कैंची से काट दूँ तो रूमाल में कितने कोने शेष रहेंगे?

3. धूप में एक धोती को सूखने में एक घंटा लगता है, तो दस धोती सूखने में कितना समय लगेगा ?

4. एक दरजी एक दिन में एक सूट सिल देता है, तो दस दरजी दस दिन में कितने सूट सीएँगे?

5. राम, हरी तथा पवन के पिताओं की उम्र क्रमश: सड़सठ, अड़सठ और उनसठ वर्ष है। बताओ, तीनों लड़कों में से किस लड़के के पिता की उम्र सबसे अधिक है?

6. पन्नालाल ने अपने लड़के की शादी में 100 लोगों को दावत पर निमंत्रित किया। यदि एक व्यक्ति खाने में आधा घंटा लेता है, तो सब लोगों को भोजन करने में कितना समय लगेगा?

7. एक लकड़ी के 10 मीटर लंबे लट्ठे से एक-एक मीटर के बोटे काटे गए, यदि एक बोटा काटने में मुझे एक घंटा लगता है, तो 10 बोटा काटने में कितना समय लगेगा?

8. एक बंदर 10 मीटर लंबी चिकनी छत पर चढ़ता है। वह दो मीटर की छलाँग लगाने के बाद एक मीटर नीचे खिसक जाता है। तो बताओ, वह कितनी छलाँगों में छत के शिखर पर होगा ?

9. 100 आदमी एक पंक्ति में दावत खाने बैठे हैं। मुझे सूचना मिली है कि रमेश के पिताजी पंक्ति के बीचो-बीच बैठे हैं। बताओ, क्या यह सूचना सही है?

10. मुझे एक आँख से 1 किलोमीटर तक दिखाई देता है, दोनों आँखों से देखने पर कितने किलोमीटर तक स्पष्ट दिखाई देगा?

11. हमारे पास एक गिलास है, जिसमें आधा लीटर दूध आता है। बताओ, 100 लीटर दूध पीने के लिए कितने गिलासों की आवश्यकता होगी?

12. एक घंटी की आवाज वहाँ बैठे 5 लोगों को सुनाई देती है, तो तीन घंटियों की आवाज कितने लोगों को सुनाई देगी?

13. जहर की एक गोली भोजन के साथ खाकर एक कुत्ता मर गया, तो बताओ, ऐसी दस गोलियाँ भोजन के साथ खाकर कितने कुत्ते मर जाएँगे?

14. लाल रंग के लेंस लगे चश्मे से देखने पर सफेद रंग की चादर लाल दिखाई देती है, पीले रंग के लेंस लगे चश्मे से पीली और नीले रंग के लेंस लगे चश्मे से नीली। तो बताओ, रंगहीन लेंस लगे चश्मे से देखने पर यह चादर किस रंग की दिखाई देगी?

15. बच्चो, एक नाव अपनी क्षमता के अनुसार पूरी लदी है। उसमें पाँच बैल बैठे हैं। वे पाँच-पाँच किलोग्राम गोबर नाव में कर देते हैं। बताओ, नाव पानी पर तैरती रहेगी या डूब जाएगी?

16. एक टापू के 100 आदमी दूसरे टापू पर दावत खाने नाव द्वारा गए। नाव में इतनी क्षमता नहीं थी कि वह 100 से अधिक आदमी ले जा सके। सौ से अधिक आदमी ले जाने पर वह नाव पानी में डूब जाती। अत: मल्लाह ने 100 आदमियों के अलावा किसी को नाव में नहीं बिठाया। वे नाव पर अपने को सवार न किए जाने के लिए नाविक को कोसने लगे। नाव पानी में आगे बढ़ी जा रही थी। कुछ समय बाद नाव टापू पर पहुँच गई। लोगों ने भरपेट भोजन किया। एक-एक आदमी एक किलोग्राम भोजन खा गया, दावत खाकर वे सभी वापस आने के लिए नाव पर सवार हो गए, तो नाव पानी में डूब गई। ऐसा क्यों हुआ ? जब सौ आदमी सुरक्षित पहुँच गए तब सुरक्षित वापस क्यों नहीं लौट पाए? कहीं लोगों की बद-दुआएँ तो नहीं लग गईं?

17. कोचीन बंदरगाह से एक जहाज टोकियो के लिए चला। इसमें 1000 आदमी तथा 500 टन खाद्य सामग्री लदी थी। जहाज का मार्ग एक माह का था। जहाज की क्षमता के अनुसार और अधिक सामान इसपर नहीं लादा जा सकता था। जहाज पर लदी खाद्य सामग्री का उपयोग करते हुए जहाज सिंगापुर पहुँचा। यहाँ से 60 किलोग्राम भारवाले चार और व्यक्ति जबरदस्ती जहाज पर सवार हो गए। बताओ, जहाज सिंगापुर से चलकर टोकियो सुरक्षित पहुँच जाएगा या मार्ग में ही डूब जाएगा?

18. दुर्गा मंदिर में 50 दीपक जल रहे हैं। एक दीपक एक घंटे तक जलता है, तो पचास दीपक कितनी देर तक जलेंगे?

19. बच्चो! एक दौड़ में रमेश तीसरे नंबर पर चल रहा है। यदि वह दूसरे नंबरवाले से आगे हो जाता है तो उसका कौन सा नंबर हो जाएगा?

20. बच्चो! महेश के एक आँख है, परंतु ललित के दो। दोनों एक-दूसरे के आमने सामने बैठे हैं। ललित को एक आँख दिखाई देती है और महेश को दो। बताओ किसको अधिक दिखाई देता है?

□

अध्याय-1 के प्रश्नों के समाधान

1. बंदूक चलने की आवाज सुनकर सारी चिड़ियाँ उड़ जाएँगी। मरी हुई चिड़ियाँ भूमि पर गिर पड़ेंगी। पेड़ पर कोई चिड़िया न रहेगी।

   उत्तर = 0

2. रूमाल का एक कोना कैंची से काट देने पर कोनों की संख्या 1 कम न होकर 1 बढ़ जाएगी। अब रूमाल में कुल 5 कोने होंगे।

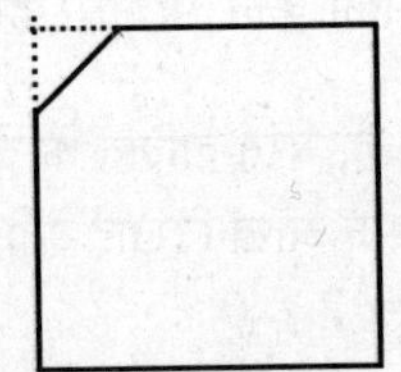

   उत्तर = 5

3. जितनी देर में एक धोती सूखेगी उतनी देर में दस धोतियाँ सूखेंगी, क्योंकि धूप सबको समान रूप से उपलब्ध है। बच्चे जल्दबाजी में 10 घंटे उत्तर दे जाते हैं।

   उत्तर = 1 घंटा

4. बच्चे सामान्यत: 10 सूट उत्तर देंगे। सही उत्तर 100 सूट हैं।

   ∵ 1 दरजी 1 दिन में 1 सूट सीता है।

   ∴ 10 दरजी 1 दिन में 10 सूट सीएँगे।

   ∴ 10 दरजी 10 दिन में 100 सूट सीएँगे।

   उत्तर = 100 सूट

5. हरी के पिता की उम्र सबसे अधिक है।

   क्योंकि अड़सठ तीनों संख्याओं में सबसे बड़ी है।

   उत्तर = हरी के पिताजी की

6. दावत में सभी लोग साथ खाकर उठेंगे।

   एक आदमी को दावत खाने में आधा घंटा लगता है। अत: सब लोगों को

भोजन करने में आधा घंटा ही लगेगा।

उत्तर = आधा घंटा

7. ∵ 10 मीटर लंबे लकड़ी के टुकड़े से 1 मीटर का 1 टुकड़ा प्राप्त करने के लिए 1 बार काटना पड़ता है।

∴ 10 मीटर लंबे लकड़ी के टुकड़े से 1 मीटर के 10 टुकड़े प्राप्त करने के लिए 9 बार ही काटना पड़ेगा।

∵ 1 बार काटने में 1 घंटा लगता है।

∴ 9 बार काटने में 9 घंटे लगेंगे।

इस प्रकार 10 मीटर लकड़ी के टुकड़े से एक-एक मीटर के दस टुकड़े प्राप्त करने के लिए 9 घंटे लगेंगे।

उत्तर = 9 घंटा

8. चूँकि बंदर 2 मीटर की छलाँग लगाकर 1 मीटर फिसल जाता है, इस प्रकार बंदर एक छलाँग में 1 मीटर ही ऊपर चढ़ता है। बंदर 8 छलाँगों में 8 मीटर ऊपर चढ़ गया और नौवीं छलाँग दो मीटर की लगाकर छत के शिखर होगा। वह अब की बार नीचे नहीं रपटा। बच्चे सामान्यत: उत्तर 10 छलाँग देते हैं, जो गलत है।

उत्तर = 9 छलाँग

9. 100 आदमियों का मध्य 50 और 51वें आदमियों का मध्य स्थान है। यदि यहाँ कोई आदमी बैठता है, तो आदमियों की संख्या 101 हुई। अत: रमेश के पिताजी दावत में हो ही नहीं सकते। मिली सूचना सही नहीं है।

उत्तर = नहीं

10. ठीक आँखें समान दूरी तक देख सकती हैं। जितनी दूर एक आँख से दिखाई देता है, दोनों आँखों से भी उतनी दूर दिखाई देगा, ज्यादा या कम नहीं।

उत्तर = 1 किलोमीटर

11. एक गिलास से ही सौ लीटर दूध पीया जा सकता है। दूध पीनेवाले एक साथ दूध पीना चाहें, तब अधिक गिलासों की आवश्यकता होगी अन्यथा नहीं।

उत्तर = एक गिलास पर्याप्त है

12. एक घंटी की आवाज 5 लोगों को सुनाई देती है, तो तीन घंटियों की आवाज भी 5 लोगों को सुनाई देगी। वहाँ अधिक लोग होते तो उन सभी को बजनेवाली

समस्त घंटियों की आवाज सुनाई देती। बच्चे 15 आदमी अज्ञानता में कह जाते हैं।

उत्तर = 5 लोगों को

13. जितने कुत्ते खाएँगे सब मर जाएँगे।

उत्तर = खानेवाले सभी

14. रंगहीन लेंस से देखने पर वास्तविक रंग पर कोई अंतर नहीं पड़ेगा। अतः रंगहीन लेंस से देखने पर सफेद चादर सफेद ही दिखाई देगी।

उत्तर = सफेद

15. नाव तैरती रहेगी, क्योंकि गोबर नाव के बाहर से नहीं आया, बल्कि इसपर सवार बैलों के पेट से ही निकला। बच्चे भूल से गोबर बाहर से आया जान, नाव डूबने के भ्रम में पड़ जाते हैं।

उत्तर = तैरती रहेगी

16. भोजन बाहर था, जो लोगों के पेट में गया। अतः हर व्यक्ति का वजन बढ़ गया। इससे नाव पर भार अधिक हो गया। इस कारण नाव डूब गई। बद-दुआ जैसी कोई बात न थी।

17. 1 माह में 1000 आदमी खाद्य सामग्री का बहुत सारा भाग उपभोग कर चुके होंगे। सिंगापुर तक ही 240 किलोग्राम से अधिक खाकर पेट से बाहर समुद्र में निकाल चुके होंगे। इन चार आदमियों के चढ़ आने से जहाज पर भार क्षमता के बाहर नहीं जाता है। अतः जहाज सुरक्षित टोकियो पहुँचेगा।

उत्तर = सुरक्षित पहुँचेगा।

18. एक दीपक एक घंटे जलता है और पचास दीपक जल रहे हैं, तो वे एक घंटे तक ही जलेंगे 50 घंटे नहीं।

उत्तर = 1 घंटे

19. रमेश दूसरे नंबरवाले से आगे निकलकर दूसरे नंबर पर ही आया। वह पहले नंबरवाले से आगे नहीं निकला है।

उत्तर = दूसरा

20. दोनों को वास्तविकता ही दिखाई दे रही है, कम या अधिक नहीं।

उत्तर = दोनों को समान दिखाई देगा।

☐

अध्याय-2

जटिल बाल पहेलियाँ

1. एक राजा-रानी, एक ब्राह्मण-ब्राह्मणी, एक शूद्र-शूद्रा—ये छह प्राणी मिलकर कहीं बाहर जा रहे थे। रास्ते में एक नदी पड़ी, जिस पर दो आदमी को पार उतारनेवाली एक छोटी सी नाव पड़ी थी। वहाँ कोई मल्लाह न था। इन सबमें छूआछूत बहुत था तथा महिलाओं के मामले में आपस में कोई विश्वास न था। एक व्यक्ति की स्त्री के साथ दूसरा व्यक्ति यात्रा नहीं कर सकता था। वह तरकीब बताओ जिससे सभी पार चले जाएँ चाहे नाव के चक्कर कितने भी लग जाएँ?
2. एक भेड़िया, एक बकरी और घास के एक गट्ठर को नाव द्वारा नदी के दूसरी पार पहुँचाना है। नाव में मल्लाह के अलावा तीनों में से एक को ही ले जाने का स्थान है। यदि वह भेड़िया को ले जाता है, तो बकरी घास खा जाएगी। यदि वह घास के गट्ठर को ले जाता है, तो भेड़िया बकरी को खा जाएगा। यदि वह बकरी को ले जाता है, तो पहले जो दो चीजें पहुँचाकर आया है उनमें से एक चीज नहीं मिलेगी। वह तरीका बताओ जिससे मल्लाह तीनों को सुरक्षित उस पार ले जा सके।
3. काँच की नौ गोलियाँ एक ही रंग तथा एक ही नाप की हैं, जिनमें आठ गोलियाँ वजन में समान तथा नौवीं गोली वजन में कम है। दो बार तौलने से ही कम वजन की गोली की पहचान कैसे की जाए?
4. एक सुनार ने ठप्पे में ठोककर 15 थैलियों में 15-15 मोहरें रखीं। एक थैली की 15 मोहरें कम वजनवाली थीं। प्रत्येक मोहर में एक ग्राम कम वजन था। सुनार इन मोहरों को लेकर बाजार में बेचने के लिए एक सर्राफ के यहाँ गया। सर्राफ ने सुनार से पूछा कि मोहरों की तौल ठीक है? सुनार ने कहा कि प्रत्येक मोहर की तौल दस ग्राम है, बस एक थैली की मोहरें एक ग्राम कम वजन की हैं। बताओ एक ही तौल में सर्राफ कैसे मालूम करे कि किस थैली में मोहरें कम वजन की हैं?
5. सुनार के पास जंजीर के 5 टुकड़े लाए गए। प्रत्येक टुकड़े में 3 कड़ियाँ थीं। बताओ वह कम-से-कम कितनी कड़ियों को काटकर जंजीर को पुनः जोड़े?

6. बारह तीलियों से चार त्रिभुज बने हैं। चार और तीलियाँ प्रयोग कर दस त्रिभुज कैसे बनाए जा सकते हैं?

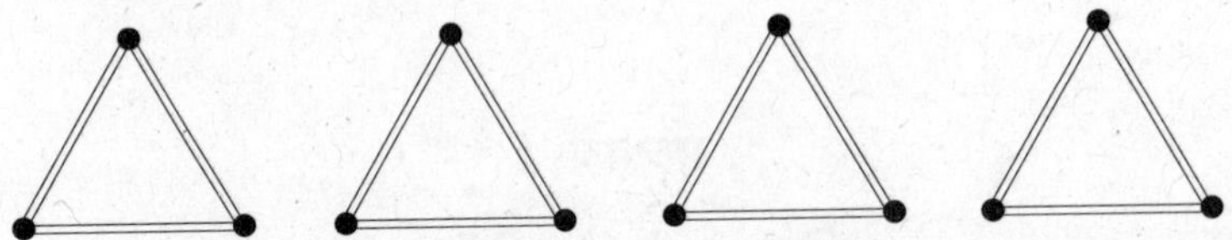

7. एक कुम्हार दो गधों पर 50-50 तरबूज लेकर बाजार में बेचने गया। रास्ते में 50 चौराहे पड़े, जहाँ पर खड़े सिपाहियों ने हर चौराहे पर प्रत्येक भरे गधे के हिसाब से एक तरबूज खाने के लिए उतारा। इस प्रकार बाजार पहुँचते-पहुँचते उसके पास कितने तरबूज शेष रह गए?

8. माचिस की छह तीलियों से 6 लिखा गया है

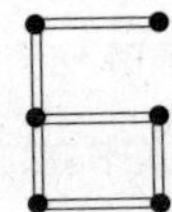

तीन तीलियों का प्रयोग कर छह कैसे लिखोगे?

9. एक पेड़ पर एक चिड़िया बैठी थी। कुछ चिड़ियों का एक झुंड पेड़ पर आकर बैठ गया। तब पेड़ पर पहले से बैठी चिड़िया उनका स्वागत करते हुए बोली—
"ओओ री चिरैया सौ।"
झुंड की चिड़ियाँ बोलीं—
"हम नहीं हैं सौ॥
जितनी हैं हम उतनी हों और,
और हों आधी और हों नौ।
और हो तू तो हों सौ॥"
बताओ, झुंड में कितनी चिड़ियाँ थीं?

10. लिखो चार नौ के।
जो बराबर हों सौ के॥

11. एक व्यायाम शिक्षक 20 छात्रों को 5 पंक्तियों में किस प्रकार खड़ा करे कि प्रत्येक पंक्ति में 5 छात्र हों?

□

अध्याय-2 के प्रश्नों के समाधान

1. पहले शूद्र और शूद्रा चले। शूद्रा को पार उतारकर शूद्र नाव लेकर वापस आ गया। रानी तथा ब्राह्मणी नाव लेकर चलीं, उधर से शूद्रा नाव लेकर वापस आ गई। अब की बार राजा तथा ब्राह्मण नाव लेकर चले। वापसी में ब्राह्मण और ब्राह्मणी चले आए। इस बार शूद्र और शूद्रा नाव लेकर चले। उधर से राजा तथा रानी वापस लौट आए। इस बार राजा और ब्राह्मण गए। शूद्रा नाव लेकर लौट आई। अब की बार रानी तथा ब्राह्मणी नाव लेकर गईं। शूद्र नाव लेकर लौट आया तथा शूद्रा को वापस ले गया।

2. पहले बकरी को ले जाए और खाली वापस लौटे। दूसरी बार में भेड़िए को ले जाए और बकरी को वापस ले आए। तीसरी बार में घास के गट्ठर को ले जाए तथा उधर से खाली लौटे। चौथी बार में बकरी को ले जाए। इस प्रकार तीनों को सुरक्षित दूसरी पार पहुँचाया जा सकता है।

3. प्रथम बार तराजू के दोनों पलड़ों में तीन-तीन गोलियाँ रखकर तौली जाएँ। यदि दोनों बराबर हैं तो बची तीन में हलकी गोली है। यदि दोनों बराबर नहीं हैं तो जो पलड़ा ऊपर जाता है, उस पलड़े में हलकी गोली रखी है। इस प्रकार हमें नौ में से तीन गोली अलग करने में सफल हुए, जिनमें हलकी गोली है। अबकी बार तराजू के प्रत्येक पलड़े में इन तीन में से एक-एक गोली रखें। यदि दोनों पलड़े बराबर रहते हैं तो शेष बची गोली हलकी है। यदि दोनों बराबर नहीं हैं तो जो पलड़ा ऊपर जाता है उसमें रखी गोली ही हलकी है।

4. पहले सर्राफ थैलियों पर नंबर डाल दे। अब पहली थैली से 1, दूसरी से 2, तीसरी से 3, चौथी से 4, इसी क्रम में पंद्रहवीं से 15 गोली निकाल सबका एक बार में वजन करे। निकाली हुई 120 गोलियों का वजन 1 किलो 200 ग्रा. होना चाहिए, परंतु हलकी कुछ मोहरों के कारण वजन कम आएगा। इस कमी के ग्रामों के बराबर अंकवाली थैली ही हलकी मोहरोंवाली है। यथा 3 ग्राम की कमी आई तो हलकी मोहरें तीसरी थैली में हैं।

5. एक टुकड़े की तीनों कड़ियों को खोलकर पृथक् किया जाए तथा शेष चारों टुकड़ों में ये कड़ियाँ फँसाकर जोड़ दी जाएँ।

उत्तर = 3

6. इस आकृति में 16 तीलियाँ प्रयुक्त हुई हैं तथा कुल दस त्रिभुज हैं।

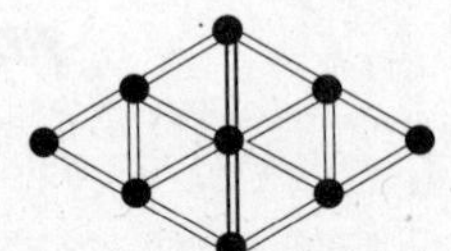

7. पच्चीस चौराहों तक 50 तरबूज उतर जाएँगे। ये तरबूज एक ही गधे से उतारे गए। अब एक गधे पर तरबूज रह गए। अतः एक तरबूज के हिसाब से शेष पच्चीस चौराहों पर 25 तरबूज ही उतरे। कुल 50+25=75 तरबूज उतर गए। बाजार में 25 तरबूज ही पहुँचे।

8. तीन तीलियों से रोमन लिपि में छह 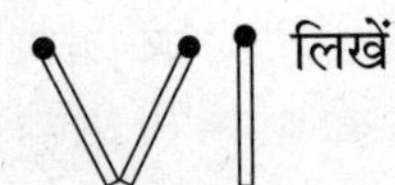 लिखें।

9. सौ में से 1 + 9 = 10 घटाए तो 90 मिले।
36 ढम्मे 90 होते हैं। अतः झुंड में 36 चिड़ियाँ थीं।
बीज गणित से–

$$x + x + \frac{x}{2} + 9 + 1 = 100 \Rightarrow \quad \frac{5x}{2} = 90$$

$$\Rightarrow \quad x = \frac{90 \times 2}{5} \Rightarrow \quad x = 36$$

उत्तर = 36

10. $99\frac{9}{9} = 100$

उत्तर = $99\frac{9}{9}$

11. समपंचभुज बनानेवाली पाँच पंक्तियों में चित्रानुसार पाँच-पाँच छात्र खड़े करें।

☐

अध्याय-3

किशोर पहेलियाँ

1. एक सेठजी थे। उनका एक नौकर था। वह बहुत चतुर था। सेठजी को एक दिन खेरीज (खुले पैसों) की आवश्यकता पड़ी। खेरीज एक रुपए में पचहत्तर पैसे के भाव पर मिल रही थी। सेठजी ने नौकर से बीस रुपए की खेरीज मँगाई। उसने खेरीज लाकर सेठजी को दे दी और बताया खेरीज एक रुपए के पचहत्तर पैसे के भाव मिली है। नौकर ने एक रुपए पच्चीस पैसे बीच में कमा लिये, बताओ कैसे?

2. एक तेल-विक्रेता के पास तीन नपने थे, एक 8 लीटर का, दूसरा 5 लीटर का, तीसरा 3 लीटर का। 8 लीटर का नपना तेल से भरा था तथा शेष दोनों खाली थे। ग्राहक ने 4 लीटर तेल माँगा, तो वह किस प्रकार नापकर दिया जाए?

3. घोड़ों के एक सौदागर ने मरते समय 15 घोड़े छोड़े थे। उसके चार लड़के थे। वह मरते समय कह गया कि बड़े लड़के को घोड़ों का आधा हिस्सा, दूसरे नंबर के लड़के को एक चौथाई हिस्सा, तीसरे नंबर के लड़के को आठवाँ हिस्सा तथा सबसे छोटे लड़के को सोलहवाँ हिस्सा मिलेगा। सौदागार के मरने के बाद सब लड़के बँटवारे के लिए आपस में झगड़ने लगे, क्योंकि बँटवारा हो ही नहीं पा रहा था। इसी बीच सौदागर का मित्र, जो गाँव का प्रधान था, घोड़े पर चढ़कर वहाँ आ पहुँचा और उनको झगड़ते देख बोला कि आप लोग क्यों झगड़ रहे हो? लड़कों ने कहा कि हमारा बँटवारा नहीं हो पा रहा है। प्रधान ने कहा—लड़ो मत, कोई परेशानी है तो मेरा भी घोड़ा ले लो और सब प्रेमपूर्वक बाँट कर लो। बाँट के बाद यदि कुछ बचे तो मुझे दे देना, नहीं बचे तो कोई बात नहीं। बँटवारे के बाद सौदागर के मित्र-प्रधानजी का घोड़ा वापस मिल गया और सबका बँटवारा भी हो गया। बताओ यह सब कैसे संभव हुआ?

4. सेठ रामलाल बजाज कपड़े के बड़े व्यापारी हैं। उनके मित्र हैं ठाकुर हीरा सिंह। एक दिन हीरा सिंहजी ने अपने नौकर को सौ रुपए का एक नोट देकर चादर लाने के लिए रामलालजी के यहाँ भेजा। उस समय सेठजी का लड़का अरुण दुकान पर बैठा था। अरुण ने चादर के 100 रुपए लिये। परंतु इसी बीच सेठजी दुकान पर आ गए और नौकर के हाथ में चादर लगी देखी तो लड़के से पूछा, ''कितने रुपए काटे हैं?'' लड़के ने कहा, ''सौ रुपए।'' तब लालाजी ने नौकर को 5 रुपए वापस कर दिए। नौकर ने ठाकुर हीरा सिंह को चादर और तीन रुपए लौटा दिए। दो रुपए उसने अपनी जेब में रख लिये। सौ रुपए में से 97 रुपए की चादर हुई और दो रुपए नौकर के पास रहे। बताओ एक रुपया कहाँ गया?

5. सुंदरलाल जी कुरता तथा पाजामा पहनते हैं। उनके पास कपड़ों की संख्या 15 है। ये कपड़े उन्होंने अभी-अभी नए सिलवाए हैं। इनमें कुल 41 मीटर कपड़ा लगा है। यदि 1 कुरते में 3 मीटर तथा 1 पाजामे में 2½ मीटर कपड़ा लगता है तो कुल कितने कुरते और कितने पाजामे हैं?

6. एक दुकानदार की पासँग रहित तराजू में थोड़ा दोष पाया गया। ग्राहक ने माल खरीदते समय दुकानदार से पलड़े बदलकर माल तौलने के लिए कहा। ग्राहक ने दस किलोग्राम गेहूँ खरीदे, तो एक बार पाँच किलोग्राम का बाट पहले पलड़े में रखकर माल तुलवाया, दूसरी बार पाँच किलोग्राम का बाट दूसरे पड़ले में रखकर माल तुलवाया। बताओ इस प्रक्रिया में किसको लाभ या हानि रहा?

7. लाला रेवती प्रसादजी ने अपने उद्यान में माली से कुछ पेड़ लगवाए, साथ ही हिदायत दी कि पेड़ नौ कतारों में लगाने हैं तथा हर कतार में पाँच पेड़ होंगे। पेड़ों की कुल संख्या उन्नीस होगी। क्या आप बताएँगे कि माली ने किस नक्शे के अनुसार उद्यान में पेड़ लगाए?

8. मैडम ने गृह विज्ञान की कक्षा में उपस्थित छात्राओं से पूछा, ''संगीता ने दस सितारों को 5 सीधी पंक्तियों में टाँककर एक ताराकृति की सुंदर डिजाइन अपनी फ्रॉक पर काढ़ी। यदि प्रत्येक पंक्ति में चार सितारे लगे हैं, तो क्या आप

उस आकृति को काढ़ सकती हैं ?'' कक्षा की छात्राओं ने एक जैसे उत्तर दिए। क्या आप भी उस आकृति की रचना करके बता सकते हैं ?

9. ललित ने 24 तीलियों के द्वारा निम्न आकृति की रचना की।

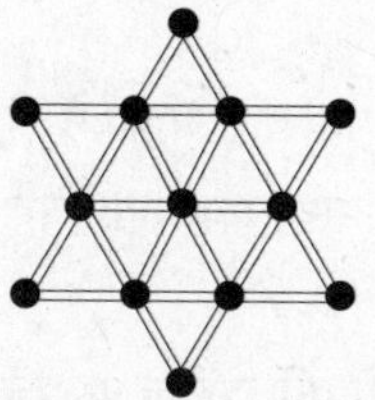

बताओ, इस आकृति में छोटे–बड़े सब मिलाकर कुल कितने त्रिभुज हैं ? छह तीलियाँ किस प्रकार हटाई जाएँ कि त्रिभुजों की संख्या 7 कम हो जाए ?

10. मेरी आयु आपकी आयु से चालीस वर्ष अधिक है। मैं आपके पड़ोस में बहुत दिनों तक रहा हूँ। बत्तीस साल पहले हमारे विद्यालय में एक लड़की पढ़ती थी। वह मेरी उम्र से तीन वर्ष छोटी थी। वह मुझे बहुत चाहने लगी थी। अब वह इस दुनिया में नहीं रही है। क्या आप बता सकते हैं इस समय उसकी उम्र कितने वर्ष होती ?

11. एक अहीर ने वटेश्वर के मेले में पाँच हजार गाएँ खरीदीं। वह वटेश्वर से मथुरा के लिए गायों को नावों में लादकर चला। हर नाव में 100 गाएँ ही थीं। अधिक बोझ लादने पर नाव डूब जाती। गाएँ 50 नावों में लादी गईं। रास्ते में दस नावों में कुछ गाएँ माँ बन गईं। पहली नाव में एक गाय माँ बनी, दूसरी में दो, तीसरी में तीन इसी प्रकार दसवीं नाव में दस गाएँ माँ बनीं। इन्हीं दस नावों में से हरेक में एक–एक गाय का बच्चा मर गया, जिसे नदी में ही फेंक दिया गया। बताओ इस स्थिति में कितनी नावें, कितनी गाएँ और कितने बच्चे सुरक्षित मथुरा पहुँचे ?

12. चित्र में त्रिभुजों की कुल संख्या बताओ।

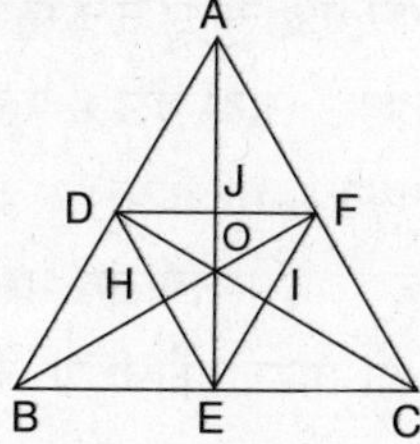

□

अध्याय-3 के प्रश्नों के समाधान

1. नौकर ने दुकानदार को भ्रमित कर बीच में पैसे बचाए। एक रुपया लेकर पचहत्तर पैसे की खेरीज देना तथा एक रुपए की खेरीज देकर सवा रुपया लेना दोनों बातों में बहुत अंतर है।

   पहली स्थिति में पचहत्तर पैसे की खेरीज पर पच्चीस पैसे कमीशन लिया गया।

   अर्थात् $33\frac{1}{3}\%$

   दूसरी स्थिति में सौ पैसे की खेरीज पर पच्चीस पैसे कमीशन हुआ।

   अर्थात् 25 %

   नौकर ने एक रुपए की खेरीज लेकर दुकानदार को पच्चीस पैसे अलग दे दिए जबकि दुकानदार एक रुपया लेकर पचहत्तर पैसे की खेरीज देता था। नौकर ने दुकानदार को अपनी बातों से भ्रमित किया कि आपको एक रुपए की खेरीज पर 25 पैसे मिलने हैं पहले काट लो या बाद में ले लो। दुकानदार भ्रमित हुआ। नौकर ने दुकानदार से पंद्रह रुपए की खेरीज ली। कमीशन के 3 रुपए 75 पैसे देने के लिए 4 रुपए अलग से दिए और 25 पैसे प्राप्त किए। नौकर ने बचा 1 रुपया 25 पैसा अपनी जेब में रखा और सेठजी को 15 रुपए की खेरीज लाकर दे दी।

2. 8 लीटर के नपने से 5 लीटर तेल 5 लीटर के नपने द्वारा निकाल लिया। फिर 5 लीटर के नपने में से 3 लीटर तेल निकालकर 3 लीटर का नपना भर लिया। 3 लीटर के नपने का तेल 8 लीटरवाले नपने में डाल दिया तो इसमें 6 लीटर तेल हो गया। 5 लीटरवाले नपने में 2 लीटर तेल रहा तथा 3 लीटरवाले में कुछ नहीं। 5 लीटरवाले नपने का तेल 3 लीटरवाले में पलट तथा 8 लीटरवाले नपने से 5 लीटर तेल 5 लीटर के नपने में भर दिया। अब 5 लीटर के नपने से कुछ तेल 3 लीटर के नपने में पलटकर उसे लबालब भर दिया। इस समय 5 लीटर के नपने में 4 लीटर तेल है, जो ग्राहक को दिया जा सकता है।

क्र.	8 लीटर नपना	5 लीटर नपना	3 लीटर नपना
1.	8 लीटर	0 लीटर	0 लीटर
2.	8–5=3 लीटर	5 लीटर	0 लीटर
3.	3 लीटर	5–3=2 लीटर	3 लीटर
4.	3+3=6 लीटर	2 लीटर	0 लीटर
5.	6 लीटर	0 लीटर	2 लीटर
6.	6–5=1 लीटर	5 लीटर	2 लीटर
7.	1 लीटर	5–1=4 लीटर शेष तेल	2+1=3 लीटर 5 लीटर के नपने से पूरा किया।

3. प्रधानजी के घोड़े सहित कुल 16 घोड़े हुए।
   अब बड़े लड़के को इसका आधा, अर्थात् 8 घोड़े मिले।
   दूसरे लड़के को 16 का चौथाई, अर्थात् 4 घोड़े मिले।
   तीसरे लड़के को 16 का आठवाँ हिस्सा, अर्थात् 2 घोड़े मिले।
   चौथे लड़के को 16 का सोलहवाँ भाग, अर्थात् 1 घोड़ा मिला।

   योग = 8 + 4 + 2 + 1 = 15

   शेष एक घोड़ा प्रधानजी को वापस मिल गया।

4. चादर 97 रुपए की ही पड़ी। सौ रुपए में से तीन रुपए ठाकुर हीरा सिंह को वापस मिल गए। हिसाब ठीक हो गया। दुकानदार को मिले 95 रुपए तथा नौकर के पास रहे 2 रुपए 97 रुपए हो गए। नौकर के पास रहे 2 रुपए 97 रुपयों में जोड़ने का कोई औचित्य नहीं है। वाग्जाल ही इस पहेली का रहस्य है।

5. यदि पंद्रह कपड़े कुरते होते तो उनमें 45 मी. कपड़ा लगता। कपड़ों में 4 मी. कम कपड़ा लगा है। यह कमी कुरते के स्थान पर पाजामे बनाने पर हो सकती है। एक पाजामे में एक कुरते से आधा मीटर कम कपड़ा लगता है। अत: 4 मी. की कमी के लिए 8 पाजामे बनाए जाएँगे।

   इस प्रकार पाजामों की संख्या = 8

   कुरतों की संख्या = 15 – 8 = 7

   उत्तर = 7 कुरते, 8 पाजामे

6. पलड़े बदलकर माल तौलने से ग्राहक को लाभ रहता है, दुकानदार को हानि होती है।

उदाहरण के लिए—पहले पलड़े में बाट रख के माल तौलने पर 10 प्रतिशत माल अधिक जाता है तब 1 किग्रा. का $\frac{11}{10}$ किग्रा. माल जाएगा।

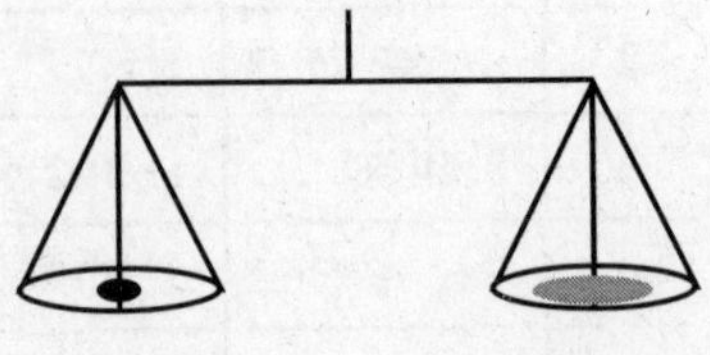

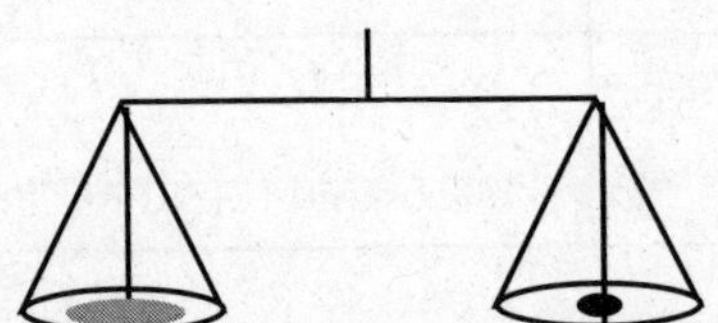

अब जिस पलड़े में माल रखा था उसमें 1 किलो का बाट रखें तो 1 किग्रा. का $\frac{10}{11}$ किलोग्राम माल जाएगा।

पलड़े बदलकर तौलने से 2 किग्रा. के स्थान पर $\frac{11}{10} + \frac{10}{11} = \frac{221}{110}$ किलोग्राम माल जाएगा। इस प्रकार $\frac{221}{110}$ किग्रा. माल पर $\frac{1}{110}$ किलोग्राम माल की हानि हुई। इस प्रकार दुकानदार को $\frac{100}{221}$ प्रतिशत हानि हुई।

उत्तर = दुकानदार को हानि

7. उद्यान में निम्न नक्शे के अनुसार पेड़ लगाए जाएँ।

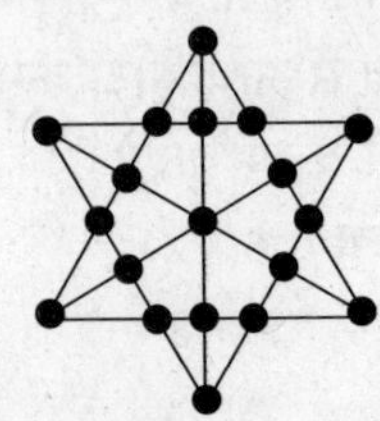

8. निम्न चित्र में ताराकृति प्रदर्शित की गई है। संगीता ने अपने फ्रॉक पर यही डिजाइन बनाई।

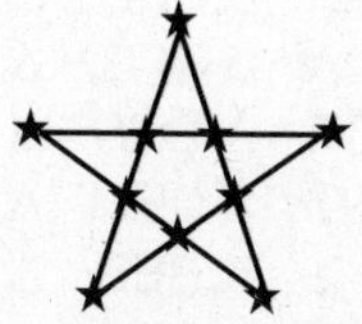

9. 12 त्रिभुज एक तीली प्रति भुजा के,
6 त्रिभुज दो तीली प्रति भुजा के,
2 त्रिभुज तीन तीली प्रति भुजा के,
योग = 20 त्रिभुज कुल बनेंगे।
बिंदुवत् स्थानों से छह तीलियाँ हटाने पर 7 त्रिभुज कम होकर मात्र 13 त्रिभुज रह जाएँगे।

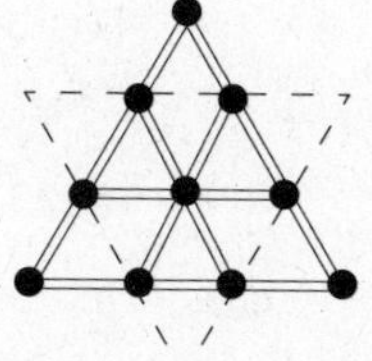

उत्तर = 20, बिंदुवत् स्थानों से

10. लड़की मुझसे तीन साल छोटी थी। मैं आपसे 40 वर्ष बड़ा हूँ, अतः लड़की आपसे से सैंतीस साल बड़ी थी। इस समय लड़की की उम्र वही होती जो आपकी उम्र में 37 साल जोड़ने पर मिलती।

उत्तर = आज आपकी उम्र + 37 वर्ष

11. गायों के माँ बन जाने से नाव के भार में कोई अंतर नहीं आया, क्योंकि बच्चे गायों के पेट में थे। हाँ, बच्चों के मरने तथा उन्हें नदी में फेंक देने से नावें हलकी अवश्य हो गईं। अतः सभी 50 नावें सुरक्षित मथुरा पहुँचीं। दस नावों में गायों के माँ बन जाने से उत्पन्न बच्चों की संख्या

= 1 + 2 + 3 + 4 + 5 + 6 + 7 + 8 + 9 + 10 = 55

इनमें से 10 बच्चे मर गए, अतः 45 बच्चे सुरक्षित पहुँचे।

उत्तर = 50, 5000, 45

12. Δ OIF, Δ OIE, Δ OEH, Δ OHD, Δ ODJ, Δ OJF,
Δ AOD, Δ BOD, Δ BOE, Δ COE, Δ COF, Δ AOF
Δ ADJ, Δ AFJ, Δ CFI, Δ CEI, Δ BEH, Δ BDH
Δ OAB, Δ OBC, Δ OCA, Δ OFE, Δ OFD, Δ ODE
Δ ABE, Δ ACE, Δ BCF, Δ BAF, Δ CBD, Δ CAD,
Δ EFJ, Δ EDJ, Δ DFI, Δ DEI, Δ FDH, Δ FEH,
Δ AEF, Δ AED, Δ BFD, Δ BEF, Δ CED, Δ CFD,
Δ CFE, Δ ADF, Δ BDE, Δ DEF, Δ ABC

उत्तर = 47

□

अध्याय-4

वर्गीकृत पहेलियाँ

(1) ल.स. तथा म.स. के प्रश्न

1. बनवारी टेलर के पास 520 सेंमी., 605 सेंमी. तथा 775 सेंमी. कपड़े के तीन टुकड़े हैं। प्रत्येक कपड़े का अर्ज 90 सेंमी. है। समान नाप के बड़े-से-बड़े स्कॉर्फों की अधिकतम संख्या बताओ जो तीनों कपड़ों से बनाए जा सकते हैं जबकि शेष बचे कपड़ों के टुकड़ों की नाप भी समान है।

2. किसी कारखाने के श्रमिकों की 7, 11 और 15 की टोलियाँ बनाने पर क्रमशः 2, 3 और 4 श्रमिक शेष बचते हैं। न्यूनतम श्रमिकों की संख्या बताओ।

3. कम-से-कम उन केलों की संख्या बताओ जिनको 7, 9 तथा 11 बच्चों में बराबर बाँटने पर क्रमशः 2, 5 और 3 केले शेष बचते हैं।

4. उन लड्डुओं की संख्या बताओ जिनको 2 से लेकर 6 तक संख्या के बच्चों में समान रूप से बाँटने पर प्रत्येक दशा में 1 लड्डू शेष बचता है और यदि 7 लड़कों में बराबर बाँटे तो कुछ भी शेष नहीं रहता।

5. एक किसान कुछ गन्ने लेकर बाजार में बेचने गया तो रास्ते में कुछ उत्पाती बच्चों ने उसके गन्ने लूट लिये। किसान रोता हुआ गाँव के मुखिया के पास गया। मुखिया ने उससे पूछा कि क्यों रोते हो? किसान ने सारा हाल सुनाया। मुखिया ने पूछा कि तुम्हारे कितने गन्ने थे? मैं गाँववालों से चंदा करवाकर उनकी कीमत तुम्हें दिला देता हूँ। किसान बोला, "हुजूर, जब मैं गन्नों को दो-दो करके गिनता था, तो एक गन्ना शेष बचता था। जब तीन-तीन करके सँभालता था, तो दो गन्ने शेष बचते थे और जब चार-चार करके सँभालता था, तो तीन गन्ने शेष बचते थे। इसी प्रकार जब दस-दस करके सँभालता था, तो

नौ गन्ने शेष बचते थे। ग्यारह-ग्यारह तथा बारह-बारह करके सँभाले न थे। जब तेरह-तेरह करके सँभालता था, तो कुछ भी शेष नहीं रहता। मैं दस रुपए के तेरह के भाव से गन्ने बेचता। अब आप ही हिसाब लगा लें कि कितने गन्ने थे और वे कितने रुपए के होते।'' बताओ किसान के पास कम-से-कम कितने गन्ने थे? गन्नों का मूल्य कितना हुआ?

6. एक गाँव में पेड़ लगाने के लिए गड्ढे खोदे जाने हैं। यदि 7 मजदूर बराबर गड्ढे खोदते हैं तो 3 गड्ढे खोदने को शेष रह जाते हैं, यदि 11 मजदूर समान गड्ढे खोदते हैं तो 5 गड्ढे खोदने को शेष रह जाते हैं और यदि 15 मजदूर समान गड्ढे खोदते तो 7 गड्ढे खोदने को शेष रह जाते हैं। बताओ, कम-से-कम कितने गड्ढे खोदे जाने हैं?

7. सेठ झम्मनलाल किराना के बड़े व्यापारी हैं। उन्होंने एक व्यापारी से काली मिर्च खरीदी। काली मिर्चों को थैलों में पैक करने की उनकी इच्छा हुई। वे दो-दो किलो के थैलों में पैकिंग करावें तो एक किलो काली मिर्च शेष बचती है, तीन-तीन किलो के थैलों में पैकिंग करावें तो दो किलो काली मिर्च शेष बचती, चार-चार किलो के थैलों में पैकिंग कराने पर तीन किलो काली मिर्च शेष बचती। इसी क्रम में जब बारह-बारह किलो के थैलों में पैकिंग करावें तो ग्यारह किलो काली मिर्च शेष बचती। परंतु जब तेरह-तेरह किलो के थैलों में पैकिंग करावें, तो कुछ भी शेष न बचता। बताओ कि सेठजी ने कम-से-कम कितनी काली मिर्च खरीदी।

8. कुछ टॉफियों को दो से लेकर बारह तक बच्चों में समान रूप से वितरित करने पर एक टॉफी शेष रहती है, परंतु तेरह बच्चों में समान रूप से वितरित करने पर कुछ भी शेष नहीं बचतीं। बताओ, कम-से-कम कितनी टॉफियाँ हैं?

9. एक खिरक से निकलीं गाय।
   तीनों हार बराबर जाएँ॥
   सात ताल को पानी पीवैं।
   नौ पेड़न की छाया बैठें॥
   तेरह ग्वारिया गाय चरावैं।

इक्कीस ग्वालिन दूध चलावैं॥

बताओ कुल कितनी गाएँ हैं?

(2) व्यवस्था, विभाजन और लेन-देन के प्रश्न

10. एक जनवासे में चार बराबर के कमरे थे। इनमें एक कमरा एयरकंडीशंड था, दूसरे कमरे में कूलर लगा था, तीसरे कमरे में साधारण पंखे लगे थे, चौथे में खुली हवा आती थी। जून का महीना था। जैसे ही बरात जनवासे में पहुँची, बरातियों ने अपने-अपने रुकने के लिए जगह घेरनी चाही। पहले कमरे में एयरकंडीशंड होने के कारण बहुत सारे लोग उसमें घुस गए। सोने-बैठने को भी उस कमरे में जगह नहीं रही। वे परेशान होकर कहने लगे—हम तो बहुत कष्ट में हैं। तब दूसरे, तीसरे और चौथे नंबर के कमरेवाले बरातियों ने कहा कि हम जितने-जितने कमरों में मौजूद हैं उतने-उतने बरातियों को एडजस्ट कर सकते हैं। अतः कमरा नं. 1 के कुछ बराती कमरा नं. 2, 3, 4 में पहुँच गए। ऐसा होने पर कमरा नंबर दो के बरातियों को परेशानी का अनुभव होने लगा। उन्होंने कहा हम तो परेशानी में पड़ गए, तब कमरा नं. 1, 3, 4 के बरातियों ने कहा—हम जितने-जितने कमरों में हैं उतने-उतने को और एडजस्ट कर लेंगे। तब कुछ बराती कमरा नं. 2 से इन कमरों में माँग के अनुसार पहुँच गए। अबकी बार कमरा नं. 3 के बराती परेशान हो उठे और बोले—हम तो परेशान हैं। तब कमरा नं. 1, 2, 4 के बरातियों ने कहा कि हम जितने-जितने कमरों में हैं उतने-उतने हमारे पास आ सकते हो। तब कमरा नं. 3 से कुछ बराती वहाँ चले गए। इस बार कमरा नं. 4 में घिच-पिच हो गई, तब इस कमरे के बराती बोले हम तो परेशानी में पड़ गए। यह सुनकर कमरा नं. 1, 2, 3 के बरातियों ने कहा कि हम जितने-जितने हैं उतने-उतने बरातियों को ले सकते हैं। यह सुनकर कमरा नं. 4 से कुछ बराती इन कमरों में स्थानांतरित कर गए। अबकी बार सब कमरों में बरातियों की संख्या समान हो गई। बताओ, चारों कमरों में कुल कितने लोग आए थे? यह भी बताओ कि प्रारंभ में चारों कमरों में कितने-कितने बराती थे?

11. रमेश के यहाँ रात के समय चार मेहमान आ गए। घर पर उस दिन पत्नी को खाना नहीं बनाना था। अतः वह बाजार जाकर पूड़ी-साग खरीद लाया। रमेश

की माँ ने पहले मेहमान को बुलाया और थाली में कुछ पूड़ी और साग परोसकर उसके सम्मुख खाने को रख दिया। मेहमान ने भोजन पाया और कुछ पूड़ियाँ बिना खाए थाली में छोड़ दीं। माँ ने उतनी ही पूड़ियाँ और साग थाली में रखकर दूसरे मेहमान को बुलाया तथा खाने का आग्रह किया। मेहमान ने भोजन पाया, परंतु कुछ पूड़ी खाने से शेष रह गईं। मेहमान तृप्त होकर उठ गया। माँ ने अब की बार थाली में उतनी ही पूड़ियाँ और कुछ साग रखकर तीसरे मेहमान को भोजन के लिए बुलाया। मेहमान ने आकर भोजन प्राप्त किया और तृप्त होकर कुछ पूड़ियाँ थाली में बिना खाई छोड़ दीं। माँ ने उतनी ही पूड़ियाँ और कुछ साग थाली में रखे। चौथे मेहमान को भोजन पर बुलाया गया। मेहमान आया और भोजन प्राप्त किया। अबकी बार थाली में कुछ भी नहीं बचा। उधर बाजार से लाई गई पूड़ियाँ भी समाप्त हो चुकी थीं। हर मेहमान ने समान संख्या में पूड़ियाँ खाई थीं। बताओ, रमेश बाजार से कितनी पूड़ियाँ लाया था तथा प्रत्येक मेहमान ने कितनी पूड़ियाँ खाईं? पहले मेहमान की थाली में कितनी पूड़ियाँ रखी गईं?

12. नवीन, प्रवीन तथा सरीन तीनों लोग एक साथ गंगाजी नहाने गए। वे घर से रास्ते के लिए बेसन के कुछ लड्डू बनवाकर ले गए। सबने भोजन सामग्री एक जगह इकट्ठी करके बाँध दी। तीनों लोग राजघाट पहुँचकर एक धर्मशाला में रुके और सामान कमरे में रख दिया। नवीन और प्रवीन बाजार घूमने निकल गए। सरीन ने टोसा (खाने-पीने का सामान) खोला और लड्डुओं के तीन समान हिस्से किए। एक लड्डू शेष बचा, जो उसने गाय को खिला दिया। एक हिस्सा उसने स्वयं खाया शेष दो हिस्से के लड्डू बाँधकर रख दिए नवीन और प्रवीन जब बाजार से लौट आए तब सरीन प्रवीन को लेकर गंगा-पूजन के लिए दूध, दीपक, पुष्प आदि खरीदने चला गया। नवीन अकेला रह गया। उसने टोसा खोला और लड्डुओं के तीन बराबर हिस्से किए। बचा हुआ एक लड्डू उसने गाय को खिला दिया। एक हिस्सा स्वयं खाकर दो हिस्से के लड्डू बाँधकर रख दिए। जब सरीन और प्रवीन लौटकर आ गए, प्रवीन ने नवीन तथा सरीन से कहा, मैं बहुत थक गया हूँ, अतः तुम दोनों जाओ, गंगाजल ले जाने को बाजार से एक केन खरीद लाओ। नवीन और सरीन बाजार केन खरीदने गए तब प्रवीन अकेला था। उसे भूख लग रही थी। उसने टोसा खोला, लड्डुओं के तीन बराबर भाग किए और बचा हुआ एक लड्डू गाय को खिला दिया।

एक भाग स्वयं खाकर दो हिस्से बाँधकर टोसा रख दिया। इस बीच नवीन और सरीन केन लेकर वापस आ पहुँचे थे। तीनों लोग मिलकर गंगास्नान के लिए घाट पर पहुँचे। गंगाजी का पूजन किया, स्नान किया और केन में गंगाजल भरकर धर्मशाला लौट आए। तीनों ने टोसा खोलकर बराबर-बराबर लड्डू खाए। बचा हुआ एक लड्डू गाय को खिला दिया। बताओ तीनों लोगों ने कितने-कितने लड्डू खाए तथा गाय को कितने लड्डू खिलाए?

13. ललित नारायण बाजार से बच्चों के खाने के लिए कुछ रेवड़ियाँ लेकर आए और उनको अलमारी में रख दिया। उनके चार पुत्र थे—रमेश, सुरेश, महेश तथा दिनेश। रमेश घर आया, उसने अलमारी खोलकर देखी तो उसे रेवड़ियाँ दिखाई पड़ीं। उसने रेवड़ियों के चार समान भाग कर एक भाग खा लिया तथा शेष एक रेवड़ी भी स्वयं खाई। तीन भाग रेवड़ियाँ उसने अलमारी में रख दीं। सुरेश घर आया; उसने भी खाने के लिए अलमारी को टटोला तो रेवड़ियाँ दिखाई दीं। तब उसने भी उनके चार समान भाग कर एक भाग खा लिया तथा बचनेवाली एक रेवड़ी भी स्वयं खा ली। तीन भाग अलमारी में उठाकर रख दिए। महेश घर आया तो उसने भी इसी प्रकार रेवड़ियों के चार समान भाग कर एक भाग और बचनेवाली एक रेवड़ी स्वयं खा ली। तीन भाग अलमारी में उठाकर रख दिए। महेश घर आया तो उसने भी इसी प्रकार रेवड़ियों के चार समान भाग कर एक भाग तथा शेष एक रेवड़ी खाकर तीन भाग अलमारी में रख दिए। ऐसा ही दिनेश ने घर आने पर किया। रेवड़ियों के चार समान भाग कर एक भाग और बचनेवाली एक रेवड़ी स्वयं खाकर तीन भाग अलमारी में रख दिए। शाम को चारों भाई जब एक साथ घर लौटे तो उन्होंने मिलकर बराबर-बराबर रेवड़ियाँ खाईं। तब एक रेवड़ी शेष बची। यदि 1 किलोग्राम पर 1021 रेवड़ियाँ चढ़ती हैं तो ललित नारायण बाजार से कितनी रेवड़ियाँ लाए थे?

14. एक बुढ़िया के तीन बेटे थे, जो खेत में काम कर रहे थे। बुढ़िया माँ खेत पर रोटी लेकर गई। उसके साथ में पालतू कुत्ता भी था। बुढ़िया माँ झोंपड़ी में रोटी रखकर चली आई। लड़के अपने-अपने काम में इधर-उधर जुटे थे। पहला लड़का झोंपड़ी में आया। उसने एक रोटी कुत्ते को डाल दी और तिहाई रोटी बाँटकर खा ली। दो तिहाई उठाकर रख दीं और सो गया। दूसरा

लड़का आया। उसने एक रोटी कुत्ते को डाली और रोटियों की एक तिहाई कर खा लीं तथा बाकी दो तिहाई उठाकर रख दीं और सो गया। तीसरा लड़का आया, उसने भी इसी प्रकार किया। एक रोटी कुत्ते को डाली, बाकी की एक तिहाई खाकर दो तिहाई उठाकर रख दीं और सो गया। जब तीनों लड़के एक साथ सोकर उठे तो बिना कुत्ते को डाले, तीनों ने रोटियाँ बराबर बाँटकर खा लीं। बताओ कुल कितनी रोटियाँ थीं?

15. चार चोर एक साहूकार के यहाँ चोरी करके जंगल में माल गाड़ आए। उनमें से एक चोर गया। अपने हिस्से के चौथाई रुपए निकालकर तीन चौथाई वहाँ गाड़ आया। इसी प्रकार दूसरे, तीसरे और चौथे चोर ने किया। अंत में जब चारों साथ गए तो धन निकालकर सबने बराबर-बराबर बाँट लिया। कुल कितने रुपए थे और प्रत्येक के पास कितने-कितने रुपए बाँट में आए?

16. एक आदमी बाजार से कुछ आम लेकर घर आया। उसके तीन बच्चे थे। पहले बच्चे ने उनमें से आधे आमों के अलावा आधा आम और खाया। शेष बचे आमों में से दूसरे लड़के ने आधे आमों के अलावा आधा आम और खाया। अब जो आम शेष बचे उनमें से तीसरे ने आधे आमों के अलावा आधा आम और खाया। अंत में कोई आम न बचा। वह आदमी बाजार से कितने आम लेकर आया था? प्रत्येक लड़के ने कितने आम खाए और कोई आम काटा भी नहीं गया?

17. रतनलाल के पास कुछ भैंसें थीं तथा उसके चार लड़के कमल, विमल, अनिल तथा सुनील थे। रतनलाल ने कुल भैंसों की आधे से आधी अधिक भैंसें कमल को दे दीं, शेष भैंसों की आधे से आधी अधिक भैंसें विमल को दे दीं, पुनः शेष भैंसों की आधे से आधी अधिक भैंसें अनिल को दे दीं तथा शेष भैंसों की आधे से आधी अधिक भैंसें सुनील को दे दीं, अंत में एक भैंस शेष बची, वह रतन ने अपने पास रखी। बताओ कुल कितनी भैंसें थीं तथा प्रत्येक को कितनी-कितनी भैंसें मिलीं?

18. ललित के यहाँ रात को 7 मेहमान आ गए। अतः खाना घर पर न बनवाकर बाजार से ही लाकर मेहमानों को खिलाने का विचार ललित के मन में आया। वह बाजार गया और हलवाई के यहाँ से कुछ लड्डू खरीद लाया। उसने

सर्वप्रथम पहले मेहमान को बुलाया और नाश्ता कराया। परोसे गए लड्डुओं में से खाने के बाद पहले मेहमान ने जो लड्डू छोड़े उनमें उतने ही लड्डू और मिलाकर दूसरे मेहमान को बुलाकर उसके सम्मुख परोसे। दूसरे मेहमान ने जब नाश्ता कर लिया तो उसके द्वारा छोड़े गए लड्डुओं में उसके दुगुने लड्डू और मिलाकर तीसरे मेहमान को नाश्ते के लिए बुलाया। जब तीसरा मेहमान भी नाश्ता कर चुका तो उसके द्वारा छोड़े गए लड्डुओं में उसके तिगुने लड्डू और मिलाकर चौथे मेहमान को बुलाकर उसके सम्मुख परोस दिए। इसी क्रम के सातों मेहमानों को नाश्ता कराया। सातवाँ मेहमान सभी लड्डुओं को खा गया। अंत में वार्त्तालाप के समय पता चला कि सभी ने बराबर-बराबर लड्डू खाए थे। बताइए, पहले मेहमान के सामने कितने लड्डू परोसे गए और उसमें से उसने कितने खाए?

19. एक अहीर के पास 25 भैंसें थीं और वे क्रमानुसार 1 किलोग्राम, 2 किलोग्राम, 3 किलोग्राम···25 किलोग्राम दूध देती थीं। अहीर के पाँच लड़के थे। वे झगड़ते थे, अतः अहीर ने प्रत्येक को 5-5 भैंसें देकर पृथक् कर दिया। बताओ उसने किस प्रकार अपने लड़कों में बँटवारा किया, जबकि प्रत्येक को भैंसें समान संख्या में मिलने के साथ-साथ दूध की मात्रा भी समान थी।

20. दो कुँजड़े बाजार में 750-750 नीबू लेकर बेचने जाया करते थे। पहला एक रुपए के 2 नीबू, दूसरा एक रुपए के 3 नीबू बेचा करता था। इस प्रकार पहला कुँजड़ा दिन में 375 रुपए तथा दूसरा कुँजड़ा दिन में 250 रुपए लाता था। एक दिन पहलेवाला कुँजड़ा शहर से कहीं बाहर चला गया और दूसरेवाले कुँजड़े को नीबू देकर कह गया, "भाई, आज मेरे नीबू भी तुम बाजार में बेच आना। मैं एक गमी में जा रहा हूँ।" दूसरेवाला कुँजड़ा 1500 नीबू लेकर बाजार पहुँचा और उसने दो रुपए के पाँच के भाव से नीबू बेचे। शाम को वह 600 रुपए लेकर घर लौटा। उधर शाम होते-होते पहला कुँजड़ा भी वापस आ चुका था। पहले कुँजड़े ने दूसरे से रुपए माँगे, तो उसने अपने 250 रुपए काटकर 350 रुपए दे दिए। वह 375 रुपए माँगने लगा। दोनों में झगड़ा होने लगा। आप ही बताइए, पहले कुँजड़े को वास्तव में कितने रुपए मिलने चाहिए?

21. एक सेठ के चार लड़के थे। उनकी शादी हो चुकी थी। पहला लड़का घर से

कुछ रुपए लेकर चारों की ससुरालों के लिए रवाना हुआ। हर ससुराल में जाते समय वह नौकरों को निश्चित राशि सलाम ठोकने की देता। अपने बचे रुपयों को सासजी के पास रख देता। चलते समय वह उन रुपयों को दुगुने करके दे देती। साहूकार का लड़का रुपयों की वही निश्चित राशि नौकरों में फिर इनाम बतौर बाँटता। इस प्रकार चौथी ससुराल से वापस आने पर उसकी जेब खाली थी। दूसरा लड़का जब ससुरालों के लिए गया तो उसके पास भी उतने ही रुपए थे जितने पहला लेकर चला था। यह लड़का भी जाते समय रुपयों की एक निश्चित राशि हर ससुराल के नौकरों में वितरित करता, बचे रुपए सासजी के पास रखता, पुनः उनसे दुगुने प्राप्त करता, लौटते समय रुपयों की वही निश्चित राशि नौकरों को फिर वितरित करता। चौथी ससुराल से लौटते समय उसके पास जो रुपए घर से लेकर चला था उनके दुगुने रुपए थे। बताओ प्रत्येक लड़का घर से कितने रुपए लेकर ससुराल चला? दोनों लड़कों ने हर ससुराल में जाते और आते समय कितने-कितने रुपए नौकरों में बाँटे?

22. एक राजा के किले पर चार बुर्ज थे। उन चारों बुर्जों पर 1000 सैनिक हथियारों के साथ रहते थे। दुश्मन ने अपनी सेना सहित बुर्ज पर चढ़ाई की। दुश्मन पहले बुर्ज पर चढ़ा। बुर्ज की सेना का नायक घबराया और अपने तीनों बुर्जों के नायकों से बोला कि जितनी सेना मेरे पास है उतनी-उतनी सेना मुझे दे दो तो मैं दुश्मन पर विजय पा जाऊँगा। ऐसा ही किया गया। दुश्मन बड़ी सेना देख लौट गया और दूसरे, तीसरे, चौथे बुर्जों की ओर बढ़ा तो वहाँ भी इसी प्रकार से सेना इकट्ठी हुई। उसे चारों बुर्जों पर भी इनती ही सेना मिली और वह लौट गया। बताओ, प्रारंभ में चारों बुर्जों पर कितने-कितने आदमी थे? यह भी बताओ कि प्रत्येक बार बुर्ज पर अन्य बुर्जों से कितने-कितने सैनिक माँगे गए?

23. एक राजा के किले के चार बुर्ज थे। उनपर सशस्त्र सेना मौजूद रहती थी। उनका एक नायक था। दुश्मन अपनी सेना लेकर पहले बुर्ज पर चढ़ा, तो पहले बुर्जवाले नायक ने अपनी सेना के बराबर-बराबर तीनों से सेना माँगी, जो उसे मिली। दुश्मन अधिक सेना देख दूसरे बुर्ज पर चढ़ा, तो वहाँ भी यही स्थिति बनी अर्थात् तीनों अन्य बुर्जों से उसे स्वयं के सैनिकों के समान अलग-अलग सैनिक माँगने पर मिले और दुश्मन हटा। फिर तीसरे बुर्ज पर चढ़ा, तो वहाँ भी वही स्थिति बनी। अन्य तीनों बुर्जों से उसे स्वयं के सैनिकों के समान अलग-

अलग सैनिक माँगने पर मिले और अधिक सैनिक देख दुश्मन वहाँ से हटा। फिर चौथे बुर्ज पर चढ़ा, तो उसने भी इसी तरह सेना माँगी और उसे यह मदद मिलने के कारण दुश्मन हताश हुआ। इस समय अन्य बुर्जों पर भी चौथे बुर्ज के समान ही सैनिक मौजूद थे। बताओ, शुरू में चारों बुर्जों पर कितने-कितने सैनिक थे?

24. एक किसान के 5 लड़के थे। पहला लड़का बोला कि मैं मेला देखने जाऊँगा। किसान बोला—रुपए तो नहीं हैं, गेहूँ ले जाओ। तब लड़का एक क्विंटल गेहूँ ले गया। दूसरा भी मेला जाने लगा तो उसे 80 किलोग्राम गेहूँ दिए। तीसरा जाने लगा तो उसे 60 किलोग्राम गेहूँ दिए। चौथा जाने लगा तो उसे 40 किलोग्राम गेहूँ दिए। पाँचवाँ जाने लगा तो उसे 20 किलोग्राम गेहूँ दिए। सभी के गेहूँ बराबर रुपयों (110 रुपए) के बिके, मगर सभी ने मिलकर दो बार में अलग-अलग भावों में गेहूँ बेचे, परंतु दोनों भावों में 5 रुपए/किलोग्राम से अधिक का अंतर न था। बताओ प्रत्येक ने कितने गेहूँ किस भाव बेचे?

25. एक परचूनी दुकानदार के पास एक महिला ढाई किलोग्राम गेहूँ लेकर गुड़ व नमक खरीदने गई और पूछा कि गेहूँ से गुड़ और नमक कैसे दिया है? दुकानदार बोला कि गुड़ आधे-आध और नमक दोगुना। औरत ने कहा कि मुझे ढाई किलोग्राम गेहूँ का ढाई किलोग्राम नमक तथा गुड़ कर दो। बताओ, दुकानदार कितना नमक और कितना गुड़ दे?

26. एक साहूकार ने तीन नौकरों से 80 रुपए में एक पूरा काम ठहराया। काम करने में पहले से दूसरा अधिक और दूसरे से तीसरा अधिक तेज था। दूसरे ने कहा कि मैं पहले के सवाये से 1 रुपया अधिक लूँगा। तीसरे ने कहा कि मैं दूसरे के दुगुने से 1 रुपया अधिक लूँगा। बताओ तीनों को कितनी-कितनी मजदूरी मिलेगी?

27. एक सर्राफ की दुकान में चार चोरों ने चोरी की। एक को सौ मोती मिले और दूसरे को दस लाल मिले, तीसरे को आठ मणि मिलीं, चौथे को पाँच हीरे मिले। जब वे माल उड़ाकर ले आए, तो चारों ने अपनी-अपनी चोरी की गई चीजें

दिखाईं। वे बोले कि एक-एक जिंस सब पर होनी चाहिए। मोतीवाले ने एक-एक मोती सबको दिया, बचे 97 मोती। फिर लालवाले ने एक-एक लाल सबको दिया, बचे 7 लाल। फिर मणिवाले ने एक-एक मणि सबको दी, बचीं 5 मणि। फिर हीरावाले ने एक-एक हीरा सबको दिया, बचे 2 हीरा। बताओ, बाजार में मोती, लाल, मणि तथा हीरे के भाव किस अनुपात में थे, जिससे सबको समान मूल्य मिला?

28. चार व्यापारी कुछ रुपए लेकर मवेशी खरीदने के लिए जहाजगढ़ के मेले में गए। उन्हें एक भैंस पसंद आई। भैंस का सौदा भी पक्का हो गया। पहले सौदागर ने कहा कि तुम तीनों अपने कुल रुपयों के आधे मुझे दे दो, तो मैं भैंस खरीद लूँ। दूसरा बोला कि तुम तीनों अपने रुपयों के तिहाई मुझे दे दो, तो मैं भैंस खरीद लूँ। तीसरा बोला कि तुम तीनों मिलकर मुझे अपने रुपयों के चौथाई दे दो, तो मैं भैंस खरीद लूँ। चौथा बोला कि तुम सब मिलकर मुझे अपने रुपयों का पाँचवाँ हिस्सा दे दो, तो मैं भैंस खरीद लूँ। यदि चारों व्यापारियों पर कुल 21900 रुपए थे तो बताओ कि भैंस कितने रुपए की थी? चारों व्यापारी कितने-कितने रुपए लेकर मेले को गए थे?

29. पाँच आदमी कुछ रुपए लेकर नुमाइश देखने गए। नुमाइश में उन्हें एक हारमोनियम पसंद आया और उसकी कीमत तय हो गई। पहला बोला कि जितने रुपए मेरे पास हैं, उतने रुपए चारों मिलाकर मुझे दे दो, तो मैं हारमोनियम खरीद लूँ। दूसरा बोला कि मेरे पास जितने रुपए हैं, तुम चारों मिलकर उसके आधे ही मुझे दे दो, तो मैं बाजा खरीद लूँ। तीसरा बोला कि मेरे पास जितने रुपए हैं, तुम चारों मिलकर उसके तिहाई ही मुझे दे दो, तो मैं बाजा खरीद लूँ। चौथा बोला कि मेरे पास जितने रुपए हैं, तुम चारों मिलकर उसके चौथाई ही मुझे दे दो, तो मैं ही क्यों न बाजा खरीद लूँ। पाँचवाँ बोला कि आप सब मेरे रुपयों का पाँचवाँ हिस्सा ही मिलकर मुझे दे दो, तो इसे मैं ही खरीद लूँ। यदि बाजे की कीमत 2400 रुपए थी तो पाँचों आदमियों के पास कितने-कितने रुपए थे?

30. एक विद्यालय के प्रबंधक महोदय विद्यालय का निरीक्षण करने गए। वे छात्रों को वितरित करने हेतु अपने साथ कुछ पेंसिलें भी ले गए। यदि वे 5-5 पेंसिलें

प्रति छात्र को बाँटते, तो 15 पेंसिलें बचतीं और यदि वे 6-6 पेंसिलें प्रति छात्र को बाँटते, तो 15 छात्र बिना पेंसिलों के ही रह जाते। बताओ, कितने छात्र और कितनी पेंसिलें थीं?

(3) भिन्न के प्रश्न

31. एक कमल के पौधे का आधा भाग जल में है। जितना वह जल में है, उसका दो तिहाई भाग कीचड़ में तथा पाँचवाँ भाग पृथ्वी में गड़ा है। यदि पौधा 52 सेंमी. पानी के बाहर खड़ा है, तो पौधे की कुल लंबाई बताओ?

32. एक मकानवाले ने चार राजमिस्त्री बुलाए। उसने राजमिस्त्रियों से कहा कि आप लोग मकान को कितने समय में दुरुस्त कर दोगे? तब पहला राज बोला कि मैं एक दिन यानी 12 घंटे में मकान को दुरुस्त कर दूँगा। दूसरा बोला कि मैं दो दिन यानी 24 घंटे में मकान को दुरुस्त कर दूँगा। तीसरा बोला कि मैं तीन दिन यानी 36 घंटे में मकान को दुरुस्त कर दूँगा। चौथा बोला कि मुझे मकान को दुरुस्त करने में चार दिन यानी 48 घंटे लगेंगे। तब मकान मालिक बोला कि तुम चारों मिलकर मकान बनाओ। बताओ, चारों ने मिलकर मकान कितने समय में ठीक कर दिया?

33. मेरे पास कुछ रुपए थे। उन रुपयों को मैंने रोजगार में लगाकर उनसे एक तिहाई कमा लिये। सब रुपयों के एक चौथाई सूखा राहत कोष में दान कर दिए। 500 रुपए लड़की को दे दिए। तब 2500 रुपए शेष बचे। बताओ, प्रारंभ में मेरे पास कितने रुपए थे?

34. मधुमक्खी के छत्ते से मक्खियों का एक समूह उड़ा। छत्ते की मधुमक्खियों का एक चौथाई भाग चमेली के फूलों पर बैठा तथा पाँचवाँ भाग गेंदे के फूलों पर। इन दोनों के अंतर का तिगुनी गुलाब के फूलों पर बैठीं। फिर शेष एक मधुमक्खी डोल रही थी। बताओ, समूह में कितनी मधुमक्खियाँ थी तथा छत्ते में कुल कितनी मधुमक्खियाँ थीं?

35. एक समय बृषभान सुता, गल मुक्ताहार टूटी।
सेज रहे सैंतीस, धरनि पै आधी छूटी॥
नवें हिस्सा हुए विक्षत, पाँचवें श्रीकुष्ण चुराए।

गुदी तिरेसठ रहे, हाथ में सत्तर आये॥

बताओ, राधारानी के हार में कुल कितने मोती थे?

(4) युगपत समीकरण के प्रश्न

36. उदयवीर सिंह के पास दो घोड़े तथा केवल एक जीन है। अगर जीन को दूसरे घोड़े पर रख दिया जाए, तो घोड़े की कीमत पहले घोड़े की कीमत की तीस गुनी हो जाती है और यदि पहले घोड़े पर जीन रख दी जाए, तो पहले घोड़े की कीमत दूसरे घोड़े की कीमत की दुगुनी हो जाती है। प्रत्येक घोड़े तथा जीन की कीमत का अनुपात बताओ?

37. एक दो अंकों की संख्या ज्ञात करो कि उन दोनों संख्याओं का योग कर उन दोनों अंकों के बीच में रखने से बनी संख्या उन दोनों अंकों के योग का 677 गुना हो।

38. चार संख्याएँ ऐसी बताओ कि एक संख्या को 4 से गुणा करने पर, दूसरी संख्या को 4 से भाग देने पर, तीसरी संख्या को 4 जोड़ने पर और चौथी संख्या में से 4 घटाने पर उत्तर एक ही आए तथा चारों संख्याओं का योग 100 हो।

39. 45 को चार ऐसी संख्याओं में विभक्त करो कि एक संख्या को किसी संख्या से गुणा करने पर, दूसरी संख्या को उससे भाग देने पर, तीसरी संख्या में उसे जोड़ने पर और चौथी संख्या में से उसे घटाने पर उत्तर एक समान ही आए।

40. मोहन और सोहन पर कुल मिलाकर 90 रुपए हैं। सोहन और रोहन के पास मिलाकर 180 रुपए हैं तथा मोहन और रोहन के पास मिलाकर 202 रुपए हैं, तब बताओ कि तीनों के पास अलग-अगल कितने रुपए हैं?

41. दो अंकों की वह कौन सी संख्या हैं, जिसको उसके अंकों के जोड़ से भाग दिया जाए, तो पूरी तरह भाग चला जाता है तथा उस संख्या में 18 जोड़ने से प्राप्त संख्या उलटने पर वही रहती है?

42. एक टेलीविजन की कीमत स्टैंडसहित, दूसरे टेलीविजन की कीमत की तीन गुनी है। इसी स्टैंड के साथ दूसरे टेलीविजन की कीमत पहले टेलीविजन की कीमत के समान है। स्टैंड तथा दोनों टेलीविजन की अलग-अलग कीमत बताओ।

43. एक बरात में कुल 70 जानवर सवारी के रूप में आए। कन्यापक्ष ने 100 किलोग्राम प्रति हाथी, 60 किलोग्राम प्रति ऊँट तथा 20 किलोग्राम प्रति घोड़े के हिसाब से दाना उपलब्ध कराया। कुल 16 क्विंटल दाना बँटा, तो बरात में कितने हाथी, कितने ऊँट तथा कितने घोड़े थे, जबकि हाथी से अधिक ऊँट तथा ऊँट से अधिक घोड़े थे?

44. एक बरात में 100 बराती थे। भोजन के समय ब्राह्मण बोले कि हम हर एक आदमी चार-चार थालियों में खाएँगे; वैश्य बोले कि हम हर एक दो-दो थालियों में खाएँगे और जाट बोले कि भाई, हम चार-चार लोग एक ही थाली में खाएँगे। कुल 100 सौ थाली, जो बेटीवाले ने मँगाई थीं, उन्हीं से काम चल गया। अगर ब्राह्मणों द्वारा अधिक थालियों का प्रयोग हुआ, तब कितने ब्राह्मण, कितने वैश्य तथा कितने जाट बराती थे?

45. दो मित्रों के पास कुछ रुपए थे, जिनको मिलाकर 12 स्टील के गिलास खरीदे जा सकते थे। पहले मित्र ने दूसरे से कहा कि तुम मुझे कुछ रुपए दे दो, जिससे मुझ पर तुम्हारे रुपयों के दुगुने रुपए हो जाएँ और मैं आठ गिलास खरीद लूँ। दूसरे मित्र ने पहले से कहा, तुम मुझसे जितने रुपए माँग रहे हो, उसके एक तिहाई ही मुझे दे दो, तो मैं नौ गिलास खरीद लूँ। बताओ प्रत्येक मित्र के पास कितने-कितने रुपए थे तथा पहला मित्र दूसरे से कितने रुपए लेना चाहता था?

46. सुरेश ने दादा से कहा, ''मैं सन् 1996 में उतने वर्ष का था, जितने जन्म वर्ष के बाद के दो अंकों से बनी संख्या।'' दादा ने कहा, ''अरे! यही बात मेरे उम्र के संबंध में भी सही है।'' सुरेश चकराया कि दोनों के लिए यह बात कैसे सही हो सकती है? गिरीश ने कहा कि यह असंभव नहीं, सत्य है। बताओ सन् 1996 में सुरेश तथा उसके दादा की उम्र क्या थी?

(5) श्रेणी के प्रश्न

47. एक देश में अकाल पड़ा। लोग भूखों मरने लगे। लोगों ने मिलकर सभा की। प्रमुख लोगों ने मिलकर तय किया कि राजा के पास जाकर प्रार्थना की जाए कि सहायता प्रदान कर उन्हें बचाया जाए। सब इकट्ठे होकर राजा के दरबार में पहुँचे। दरबार का नक्शा नीचे दिया गया है। दरबार में राजा बैठे हैं और खजांची भी मौजूद है। घुसते ही चौक में द्वारपाल ने भीड़ से पूछा, "क्या बात है?" लोगों ने कहा, "प्रजा भूखी मर रही है। हम राजा से याचना करने आए हैं।" द्वारपाल ने कहा, "राजा इस चौक से सातवें चौक के अंदर दरबार में बैठे हैं। तुम सब नहीं जा सकते। हर दरवाजे से आधे-आधे ही जा सकते हो।" लोगों ने इसी प्रकार दरबार में प्रवेश किया। उनकी बात सुनकर राजा ने खजांची से कहा, "इनको इतनी अशर्फियाँ दे दो जो सब पर बराबर-बराबर आ जाएँ।" खजांची ने अशर्फियाँ इस हिसाब से बाँटी कि पहले को एक, दूसरे को दो, तीसरे को तीन,…आदि। बाहर आकर आपस में सबने समान रूप से अशर्फियाँ बाँट लीं। प्रत्येक व्यक्ति को एक ही अशर्फी मिली, तो बताओ कितने व्यक्ति दरबार में गए और राजा ने कुल कितनी अशर्फियाँ सहायता में दीं?

48. एक बाग में कुछ चोर चोरी करने गए। उन्होंने पेड़ से आम तोड़े। पहले ने एक

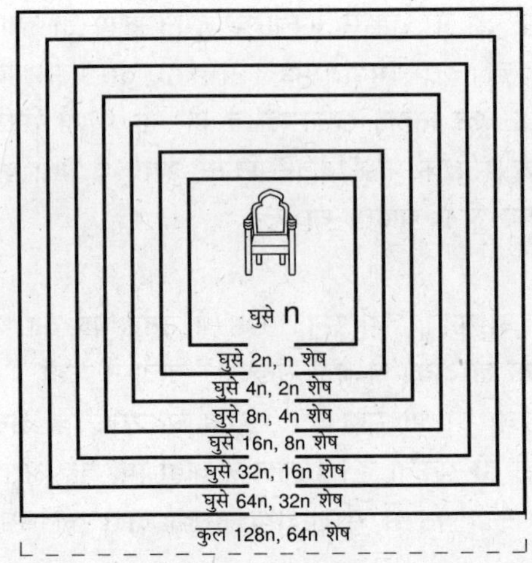

आम तोड़ा, दूसरे ने दो, तीसरे ने तीन, इसी क्रम में पचासवें ने पचास आम तोड़े। चोरों ने कुल आम इकट्ठे करके आपस में बाँटे। हर एक को सत्तर-सत्तर आम मिले। कुल कितने आम और कितने चोर थे?

49. एक आदमी बाग से कुछ फूल तोड़कर मंदिरों में चढ़ाने को निकला। गाँवों में चार मंदिर थे और एक तालाब था। उसने फूलों को तालाब में धोकर मंदिर में चढ़ाने का विचार किया, ज्यों ही फूल धोए, वे दुगुने हो गए। हर मंदिर में पूजा के बाद वह शेष फूलों को तालाब के पानी में धोता और फिर मंदिर में चढ़ाता। तालाब के पानी में धोने पर फूल हर बार दुगुने हो जाते। आखिरी मंदिर में सब फूल चढ़ गए। उसने प्रत्येक मंदिर में समान मात्रा में फूल चढ़ाए तो बताओ माली बाग से कितने फूल लेकर चला था और प्रत्येक मंदिर में कितने-कितने फूल चढ़ाए?

50. एक साहूकार ने सौ रुपए की सात थैली नंबर डालकर ऐसी बाँध रखी थी कि जो कोई कर्ज माँगनेवाला कर्ज लेने आता तो वह जितने रुपए माँगता था उतने की बँधी हुई थैली उठा देता, गिनने की आवश्यकता न पड़ती। बताओ, थैली कितने-कितने रुपयों की बाँधी थीं?

51. एक शिवजी का भक्त था। एक दिन उसने शिवजी से प्रार्थना की कि मेरे गाँव में सात मंदिर हैं और मेरे पास इतने रुपए हैं कि आप अगर इन्हें दुगुने करते चलो, तो मैं हर मंदिर में 128-128 रुपए चढ़ा दूँ। भक्त रुपए लेकर मंदिर के दरवाजे पर पहुँचा, तो रुपए दुगुने हो गए। उसने 128 रुपए मंदिर में चढ़ाए। शेष रुपए फिर दुगुने हो गए। उसने 128 रुपए अगले मंदिर में चढ़ाए। इसी प्रकार करते हुए सातवें मंदिर में 128 रुपए चढ़ाने के बाद भक्त के पास एक भी रुपया शेष न बचा। बताओ, भक्त घर से कितने रुपए लेकर चला?

52. एक घोड़ी सीधी सड़क पर आगे बढ़ी जा रही थी। वह एक दिन में 100 किमी. चलती थी। रास्ते में उसने बच्चा दिया। घोड़ी बच्चा देकर आगे बढ़ गई। बच्चा पहले दिन 1 किमी. चला, दूसरे दिन 2 किमी., तीसरे दिन 3 किमी. ···आदि। इसी क्रम में बच्चा आगे बढ़ता रहा। घोड़ी काफी आगे निकल चुकी थी। एक दिन बच्चे ने घोड़ी को पकड़ लिया। बताओ, बच्चे को अपनी माँ तक पहुँचने में कितने दिन लगे?

53. एक आदमी बाग में नीबू लेने गया तो बाग के द्वार से नीबू के पेड़ों तक सात रखवाले थे। पहले रखवाले ने आदमी को रोककर पूछा, ''कहाँ जाते हो?'' उसने उत्तर दिया, ''नीबू लाऊँगा।'' रखवाले के कहा, ''आधे बाँट लूँगा।'' आदमी ने कहा, ''दूँगा, पर तेरे आधे में से एक नीबू मैं ले लूँगा।'' वह मान गया। इसी प्रकार आदमी ने सातों द्वारों पर रखवालों से वायदा किया। अंत में जितने नीबू बाग से तोड़कर लाया था उतने ही घर को लेकर चला गया। बताओ, वह बाग से कितने नीबू तोड़कर लाया?

54. एक गाँव में शिवजी का एक मंदिर था, जिसमें शरद पूर्णिमा की रात को बाँटने हेतु खीर पकाने के लिए 100 लीटर दूध मँगाया गया। मंदिर में दस पुजारी रहते थे। पुजारियों की नीयत बिगड़ी। प्रत्येक ने क्रम से एक-एक लीटर दूध निकालकर पी लिया और एक-एक लीटर पानी मिला दिया। बताओ कुल कितना दूध चोरी हुआ?

55. लाला जानकीप्रसाद घर से व्यापार के लिए परदेश गए। वे भारत के 1000 गाँवों में गए। सबसे पहले गाँव में उनका खर्च 100 रुपए आया। हर अगले गाँव में उनका एक सहस्रांश खर्चा बढ़ जाता। बताओ कि यात्रा में उनका कितना खर्च हुआ?

56. मेरे पास एक भैंस है। उसके दुगुने से एक किलोग्राम अधिक रामू की भैंस दूध देती है। रामू के सभी बड़े भाइयों पर भी एक-एक भैंस है तथा प्रत्येक भाई की भैंस अपने छोटे भाई की भैंस से दो किलोग्राम अधिक दूध देती है। रामू के घर में कुल 39 किलोग्राम दुग्ध उत्पादन होता है। तो रामू कुल कितने भाई हैं और उनकी भैंसें कितना-कितना दूध देती हैं?

57. एक तालाब में जलकुंभी डाल दी गई। जलकुंभी एक दिन में बढ़कर दुगुनी हो जाती। यदि पूरा तालाब सौ दिन में अट जाता, तो एक चौथाई तालाब को अटने में कितने दिन लगे?

58. एक क्विंटल के पाँच बाट इस प्रकार बनाओ कि इससे एक क्विंटल तक तौला जा सके।

(6) काम के प्रश्न

59. चौधरी चोखेलाल ने एक मजदूर से तंबाकू गाड़ने के लिए 1 मीटर लंबा, 1 मीटर चौड़ा और 1 मीटर गहरा गड्ढा खुदवाया और उसने मजदूरों को 10 रुपए दिए। चौधरी राधेश्याम ने भी अपने तंबाकू को गाड़ने के लिए 2 मीटर लंबा, 2 मीटर चौड़ा, 2 मीटर गहरा गड्ढा खुदवाया। बताओ, वे मजदूर को क्या भुगतान करें?

60. एक बढ़ई एक मेज एक दिन में तैयार कर देता है, तो दस बढ़ई दस मेज कितने दिन में तैयार करेंगे?

61. दो पुरुष, तीन स्त्रियाँ और चार बच्चे किसी खेत के आलू एक दिन में खोद लेते हैं। उतने ही क्षेत्रफल में दूसरे खेत के आलू चार पुरुष, एक स्त्री और दो बच्चे दो दिन में खोदते हैं, तो दस पुरुष, पाँच स्त्रियाँ और आठ बच्चे दोनों खेतों के आलू कितने दिनों में खोद लेंगे?

62. एक नल पाँच घंटे में पानी की टंकी को भर देता है। ऐसे ही चार नल और लगे हैं। एक अन्य नल टंकी में लगा है, जो उसे पाँच घंटे में खाली करता है। छह नल साथ-साथ खोल दिए गए, तब पानी की टंकी कितने घंटों में पूरी भर जाएगी?

63. बसंती तथा रामकली एक खेत की निराई क्रमशः 8 तथा 12 घंटों में कर सकती हैं। वे क्रमशः 1-1 घंटे काम करती हैं। यदि बसंती प्रातः 9 बजे कार्य प्रारंभ करती है, तो कार्य कितने बजे पूर्ण होगा?

64. रमेश किसी कार्य को पूर्ण करने में सुरेश तथा महेश के संयुक्त रूप से कार्य पूर्ण करने में लिये समय का तिगुना समय लेता है तथा महेश उस कार्य को पूर्ण करने में रमेश तथा सुरेश के संयुक्त रूप से कार्य पूर्ण करने में लिये समय का दुगुना समय लेता है। यदि तीनों मिलकर 10 दिन में कार्य को पूरा करते हैं, तो बताओ प्रत्येक व्यक्ति अलग-अलग उस कार्य को कितने दिन में पूरा कर सकता है?

65. हरीश रजनीश से तिगुनी फुरती से कार्य करता है। अतः हरीश रजनीश से 60 दिन पूर्व ही उस काम को पूरा कर सकता है। दोनों संयुक्त रूप से काम करें, तो वह कितने समय में पूरा हो जाएगा?

(7) घड़ी के प्रश्न

66. एक दिन में घड़ी की मिनट की सुई कितनी बार घंटे की सुई के ऊपर होगी?

67. एक घड़ी बारह घंटे में 4 मिनट तेज हो जाती है, दूसरी घड़ी बारह घंटे में 5 मिनट सुस्त हो जाती है तथा तीसरी घड़ी बारह घंटे में 6 मिनट तेज हो जाती है। एक बार तीनों घड़ियों में सही समय मिला देने पर कितने दिनों के बाद तीनों घड़ियाँ सही समय देंगी?

68. 12 बजे के बाद घड़ी की मिनट की सुई आठवीं बार घंटे की सुई के ऊपर है। बताओ घड़ी में क्या समय है?

69. 12 बजे के बाद उन्नीस घंटे में घड़ी की घंटे और मिनटवाली सुइयाँ कितनी बार एक ही सीध में होंगी?

70. पौने नौ बजे घड़ी की घंटे और मिनटों की सुइयों के बीच कितने अंश का कोण बनेगा?

71. (i) 4 तथा 5 बजे के बीच किस समय घड़ी की मिनट की सुई घंटे की सुई के ऊपर होगी?

    (ii) 4 तथा 5 बजे के बीच किस समय घड़ी की दोनों सुइयाँ एक-दूसरे के लंबवत् होंगी?

    (iii) 4 तथा 5 बजे के बीच किस समय घड़ी की दोनों सुइयाँ एक-दूसरे की विपरीत दिशा में होंगी?

72. एक घड़ी जो दोपहर को मिलाई गई है, सायं 10 बजे, 9 बजकर 10 मिनट समय बताती है। बताओ, जब घड़ी रात के11 बजा रही है, सही समय क्या है?

73. एक घड़ी की घंटे तथा मिनट की सुइयाँ प्रति 66 मिनट बाद मिल रही हैं, तो घड़ी प्रतिदिन कितनी सुस्त या तेज चल रही है?

74. एक व्यक्ति जो 5 और 6 बजे के बीच घर से निकला तथा 6 और 7 बजे के बीच लौटा तो देखता है कि घड़ी कि सुइयाँ परस्पर अपना स्थान बदल चुकी हैं। बताओ, वह कितने बजे घर से निकला था?

(8) अंकों के प्रश्न

75. वह संख्या बताओ, जिसमें 9 से गुणा करने पर संख्या का हर अंक 1 ही आता है।

76. वह कौन सी संख्या है, जो 8 से गुणा करने पर अपने अंक-क्रम को उलट देती है?

77. 18 अंकों की वह कौन सी संख्या है, जो आगे के अंक पीछे रखने पर दुगुनी से लेकर नौ गुनी तक हो जाती है?

78. 6 अंकों की वह कौन सी संख्या है, जो आगे के अंक पीछे रखने पर दुगुनी से लेकर छह गुनी तक हो जाती है?

79. 1000^{1000} तथा 1001^{999} में बड़ी संख्या बताओ।

80. $\sqrt{2}^{\sqrt{2}^{\sqrt{2}^{\sqrt{2}}}}$ का मान बताओ।

81. $2^{2^{2^{2^{2}}}}$ को 5 से भाग देने पर क्या शेष बचेगा?

82. एक ऐसी संख्या ज्ञात करो जो 9 से विभाजित हो और जिसका अंक-योग आदि से अंत तक 3321 है। इस संख्या को ऐसे लिखो जो 9 संख्या रखने पर हर एक पंक्ति में 9 संख्याओं का योग 369 हो। इस तरह की लगातार नौ संख्या 9 बार रखने पर उन 9 संख्याओं का योग 3321 हो।

83. अंग्रेजी वर्णमाला के अक्षरों को समुचित अंकों से निरूपित कर कूट लिपि में संदेश लिखें।

```
  SEND
+ MORE
------
 MONEY
------
```

84. प्राकृतिक संख्याओं को 1 से प्रारंभ करके क्रमागत रूप में लिखते हुए एक अनंत संख्या 1 2 3 4 5 6 7 8 9 10 11...बनाई गई है। इसके प्रथम सौ अंकों को ग्रहण कर बनी संख्या को 125 से भाग दिया जाता है। शेषफल क्या बचेगा?

85. 6 को n बार लिखने से बनी संख्या के वर्ग में 8 को n बार लिखने से बनी संख्या जोड़ दें तो योगफल क्या होगा?

(9) क्षेत्रफल के प्रश्न

86. चार किसानों ने मिलकर एक घास का मैदान किराए पर लिया। यह मैदान त्रिभुजाकार था, जिसकी भुजाएँ 400 मी., 500 मी. तथा 600 मी. थीं। कुछ समय बाद उनमें आपस में मनमुटाव हो गया। अतः सबने मिलकर उस मैदान के एक जैसे चार टुकड़े कर आपस में बाँट लिये। बताओ, बँटवारा किस तरह किया गया?

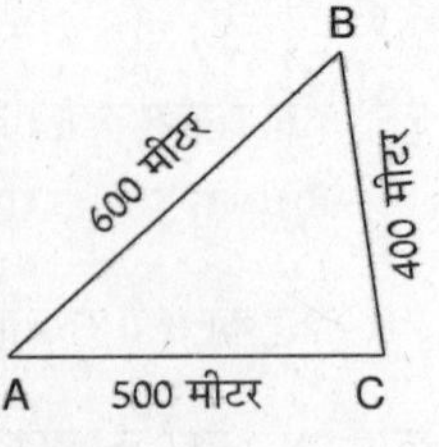

87. रामजीलाल के पास एक प्लॉट था। प्लॉट एक समलंब चतुर्भुज के आकार का था, जिसकी समांतर भुजाएँ 200 मी. तथा 400 मी. थीं। इन दोनों भुजाओं के बीच की दूरी 200 मी. थी। शेष दोनों भुजाएँ 200 मी. तथा $200\sqrt{2}$ मी. थीं, जैसा कि चित्र में प्रदर्शित है। वह इस प्लॉट को अपने चार बेटों में इस प्रकार बाँटना चाहता है कि चारों को एक जैसे प्लॉट मिलें। बँटवारा किस प्रकार किया जाए?

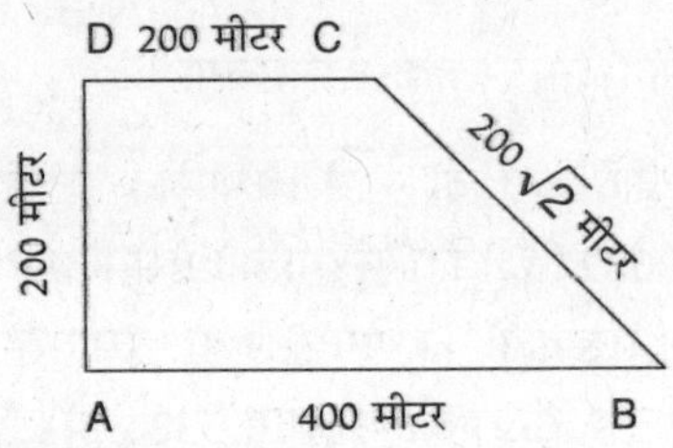

88. लाला हीरालाल के पास 200 मीटर की भुजा का एक वर्गाकार बाग था। उन्होंने बाग की सम्मुख भुजाओं के मध्य बिंदु से सरल रेखाएँ खींचकर उसे चार एक जैसे भागों में बाँट रखा था। इत्तफाक से उनपर विपत्ति आ जाने से उन्हें बाग का एक हिस्सा बेचना पड़ा। हीरालाल दुःखी रहने लगे और कुछ समय बाद बीमारी के कारण उनका स्वर्गवास हो गया। उनके चार बेटे थे, सुंदरलाल, होतीलाल, पन्नालाल और जवाहरलाल। पिता की मृत्यु के बाद उन्होंने बाग का बँटवारा करना चाहा। वे चाहते थे कि सभी को एक जैसे टुकड़े मिलें। बताओ, उन्होंने किस प्रकार बँटवारा किया?

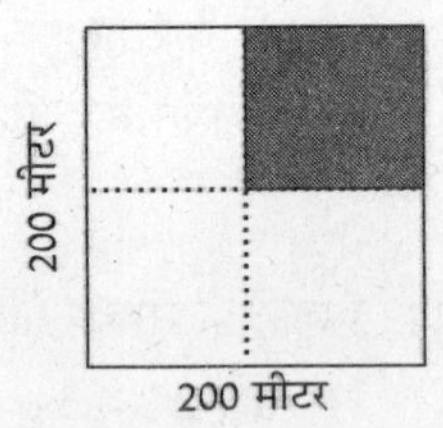

89. एक सड़क के किनारे 10 मी. अर्धव्यास के अर्धवृत्ताकार क्षेत्र में एक मंदिर बना है। इस मंदिर को घेरे सड़क के उसी तरफ 100 मी. त्रिज्या का एक अर्धवृत्ताकार क्षेत्र है, जिसके बीच यह मंदिर है। मंदिर के बाहर की जगह को मंदिर के पुजारी रामप्रसाद तथा शांतिस्वरूप आवास हेतु इस प्रकार क्षेत्रफल में समान रूप से बाँटना चाहते हैं कि भूमि मंदिर को घेरती रहे। बँटवारा किस प्रकार किया जाए?

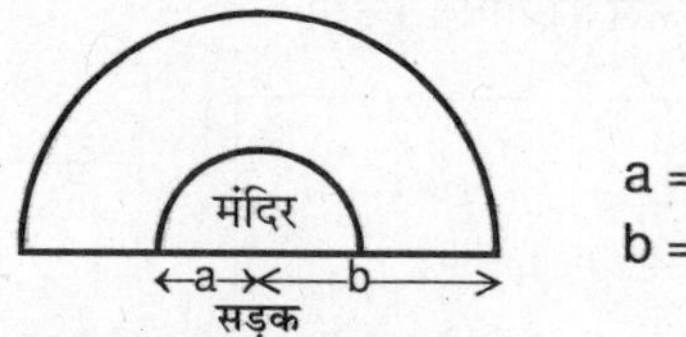

90. एक जमींदार के चार लड़के थे, उसके पास 100 मीटर भुजा का वर्गाकार खेत था। इस खेत के चित्रानुसार चार समान हिस्से किए हुए थे। चित्रानुसार खेत की एक मेंड़ पर एक कुआँ था। चारों में कुएँ को लेकर झगड़ा होने लगा। खेत का पुनः बँटवारा करना है कि कुआँ प्रत्येक के खेत की मेंड़ पर पड़े। बँटवारा किस प्रकार किया जाएगा?

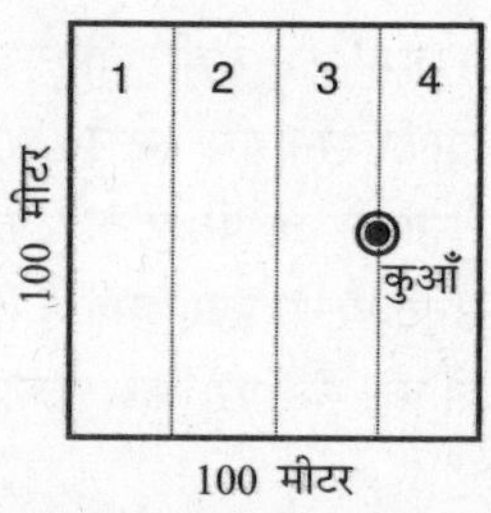

91. रमेश एक वर्गाकार खेत का स्वामी है, जिसकी एक भुजा 60 मी. है। खेत के केंद्र में एक मंदिर है। रमेश अपने सामने ही खेत को अपने तीन पुत्रों में बाँट देना चाहता है। खेत का बँटवारा किस प्रकार किया जाए कि तीनों को क्षेत्रफल में समान खेत मिले तथा मंदिर तीनों के खेत की मेंड़ पर रहे?

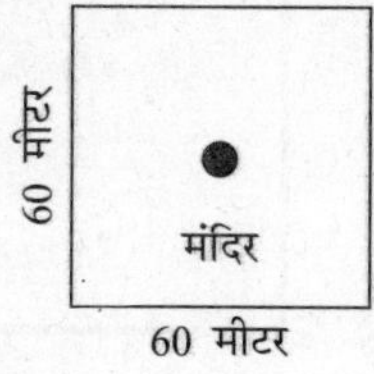

92. एक बिना छत का कमरा 20 फीट लंबा और 20 फीट चौड़ा है। इसको ढकने के लिए एक इस नाप का तिरपाल लेने के लिए हरीश बाजार गया। तिरपाल की दुकान पर इतना बड़ा तिरपाल का कोई टुकड़ा न मिला। एक 25'×16' का तिरपाल का टुकड़ा मिला। हरीश उसे दरजी के पास ले गया, जिसने उसे टू पीस में बाँटकर 20'×20' का सिलकर तैयार कर दिया। हरीश ने उसे फ्रेम पर कसकर छत को ढक दिया। बताओ, दरजी ने यह कार्य कैसे संपादित किया?

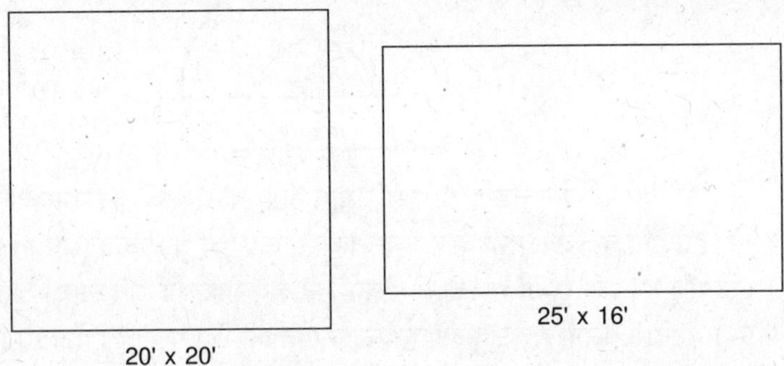

93. एक 650 सेंमी. लंबा तथा 650 सेंमी. चौड़ा कमरा है। उसके फर्श पर लगाने हेतु रमेश बाजार से पत्थर लेने गया। उसे 600 सेंमी. × 600 सेंमी. तथा 250 सेंमी. × 250 सेंमी. नाप के दो पत्थर के टुकड़े मिले। दुकानदार ने कहा, ये दोनों पत्थर आपके उद्देश्य के लिए पर्याप्त हैं। बताओ, कम-से-कम टुकड़े करके इन दोनों पत्थरों को फर्श पर किस प्रकार फिट किया जाए कि कमरे का फर्श तैयार हो जाए?

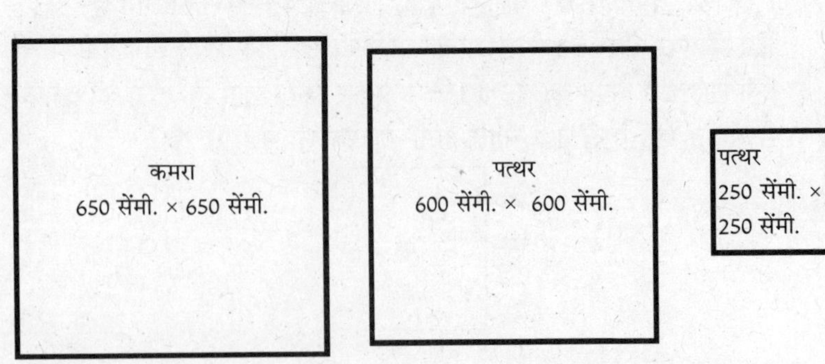

94. निम्नांकित 29 वर्ग सेंमी. क्षेत्रफल की संयुक्त वर्गाकृति को चार खंडों में विभाजित कर 29 वर्ग सेंमी. क्षेत्रफल के वर्ग में परिवर्तित करो।

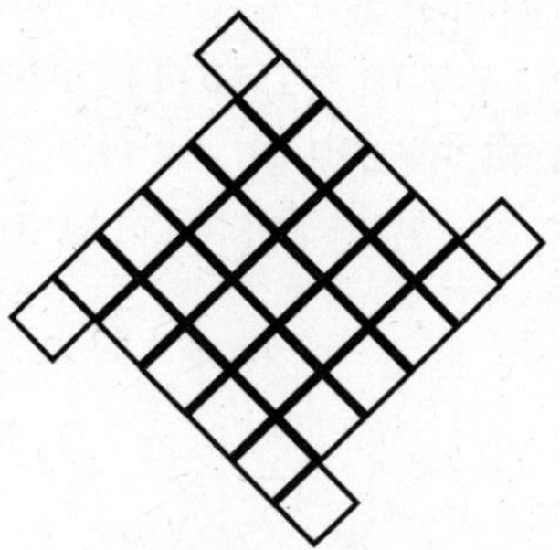

95. एक वृत्ताकार तश्तरी के एक व्यास के दोनों अर्धव्यासों को व्यास मानकर खींचे गए दोनों अवदिश अर्धवृत्तों के अनुगत काटकर वृत्त को दो अनुरूप भागों में विभाजित किया गया है। पुनः इनमें से एक खंड को एक ही रेखाखंड के अनुगत काटकर दो अनुरूप खंडों में विभाजित करो।

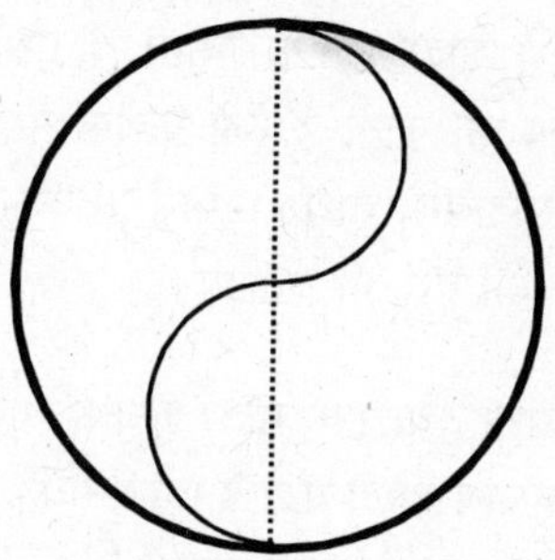

96. एक समकोण त्रिभुज की भुजाओं पर एक की ओर बने अर्द्धवृत्तों से बने चंद्रमाओं का क्षेत्रफल क्या होगा?

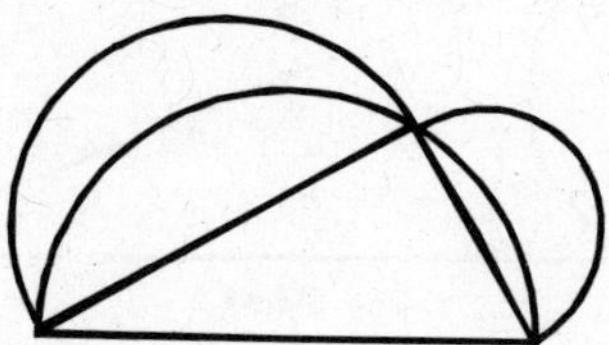

(10) मार्ग और दूरियों के प्रश्न

97. हस्तपुर, सासनी तथा इगलास तीनों कस्बे सड़क मार्ग द्वारा आपस में जुड़े हैं। यदि सासनी से हस्तपुर-इगलास रोड की निकटतम दूरी 8 किमी., हस्तपुर से सासनी-इगलास रोड की निकटतम दूरी 4.8 किमी. तथा इगलास से सासनी-हस्तपुर रोड की निकटतम दूरी 6 किमी. है। तो बताइए, तीनों कस्बे एक-दूसरे से कितनी दूर हैं?

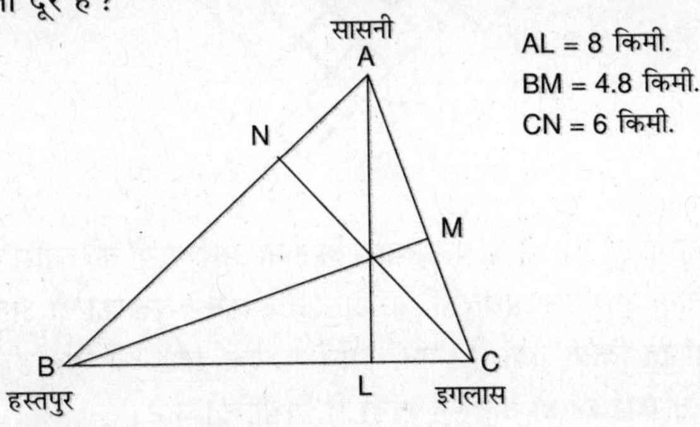

98. हाथरस तथा मुड़सान के बीच की दूरी 12 किमी., मुड़सान से सादाबाद 16 किमी. तथा हाथरस से सादाबाद 20 किमी. है। तीनों नगरों के बीच एक बिजलीघर की स्थापना की जाती है, जो प्रत्येक नगर से समान दूरी पर है। बताइए, बिजलीघर सादाबाद-हाथरस मार्ग से कितने किलोमीटर दूर है? हाथरस से बिजलीघर की दूरी भी बताइए।

99. एक 50 मीटर, 120 मीटर तथा 130 मीटर भुजाओंवाला त्रिभुजाकार मैदान है। उसमें एक वृत्ताकार तालाब खोदा गया है। मैदान की भुजाएँ तालाब के किनारे को स्पर्श करती हैं। तालाब का व्यास क्या है?

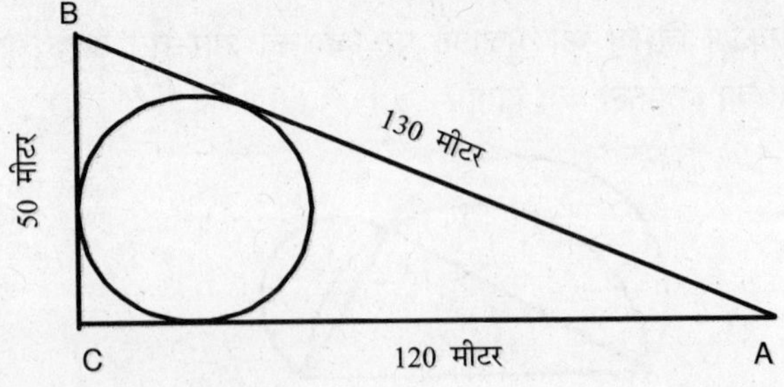

100. चंदफरी तथा हस्तपुर के बीच की दूरी 4 किमी., चंदफरी तथा पढ़ील के बीच की दूरी 12 किमी., पढ़ील तथा मुहरैनी के बीच की दूरी 13 किमी. एवं मुहरैनी और हस्तपुर के बीच की दूरी 3 किमी. है। हस्तपुर और चंदफरी के बीचोबीच एक पीपल का पेड़ खड़ा है, चंदफरी और पढ़ील के बीचोबीच एक बरगद का पेड़ खड़ा है, पढ़ील और मुहरैनी के बीचोबीच एक कुआँ है, मुहरैनी और हस्तपुर के बीचोबीच एक ईंटों का भट्ठा है। पीपल तथा भट्ठे के बीच की दूरी 2.5 किमी. है। बताइए, भट्ठे से बरगद के पेड़ की दूरी कितनी है ?

101. रामबिहारी के पास एक 4 मी. × 3 मी. नाप का आयताकार खेत है, जिसमें चित्रानुसार 12 वर्गाकार क्यारियाँ बनी हैं तथा कोनेवाली चारों वर्गाकार क्यारियाँ पुनः विकर्णों द्वारा दो-दो भागों में विभक्त की गई हैं। इस प्रकार कुल 16 क्यारियाँ हैं। इनमें विभिन्न प्रकार के पुष्प तथा साग-सब्जियों के पौधे लगे हैं। राम बिहारी हर क्यारी के चारों ओर घूमकर उसका निरीक्षण करता है। वह मार्ग सुझाओ, जिससे रामबिहारी को सभी क्यारियों के निरीक्षण के लिए कम-से-कम चलना पड़े।

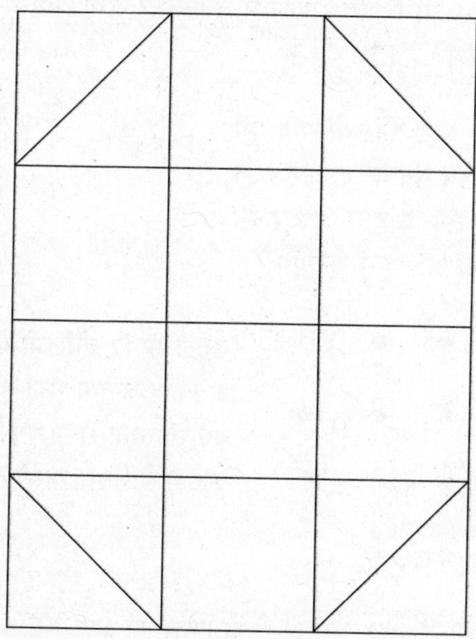

(11) तीलियों के प्रश्न

102. बगल में दिए गए पाँच वर्ग 16 चाप स्टिक्स से बनाए गए हैं। आपको तीन चाप स्टिक्स इस प्रकार रखनी हैं जिससे चार वर्ग ही रह जाएँ।

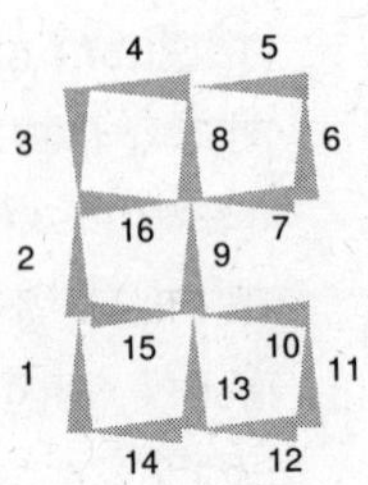

103.

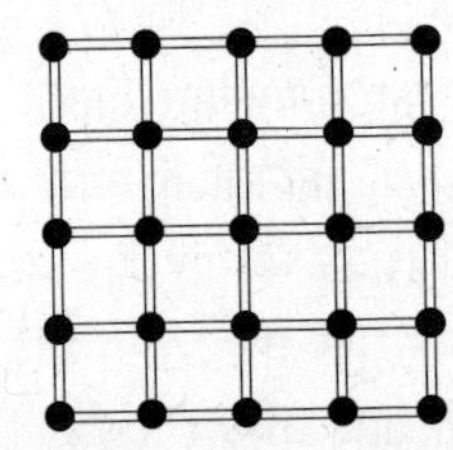

40 तीलियों से बना यह चित्र दिया है। इस चित्र में कुल कितने वर्ग हैं? इनमें से 2 तीलियाँ किस प्रकार उठाएँ कि वर्गों की संख्या न्यूनतम हो जाए?

104. उपर्युक्त चित्र में तीन तीलियाँ किस प्रकार हटाएँ कि वर्ग संख्या अधिकतम हो?

नोट—दो तीलियाँ, तीन तीलियाँ, चार तीलियाँ, पाँच तीलियाँ इत्यादि हटाकर न्यूनतम तथा अधिकतम संख्या में बननेवाले सभी वर्गों के लिए प्रश्न तैयार किए जा सकते हैं।

105. माचिस की आठ तीलियों से 4 वर्ग तीली का क्षेत्र बनाया गया है। इन आठ तीलियों के द्वारा अधिकतम क्षेत्रफल का क्षेत्र कैसे बनाएँगे?

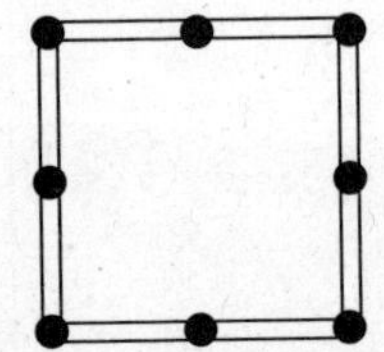

106.

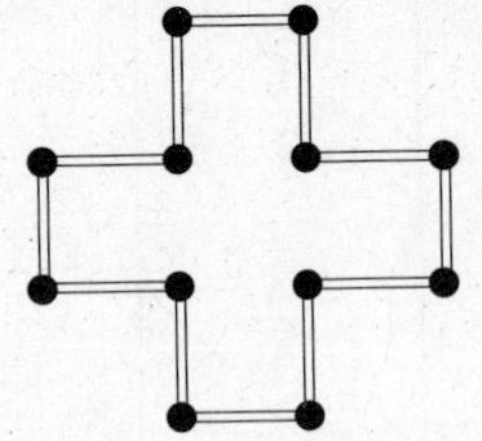

बगल में 12 तीलियों में 5 वर्ग तीली का क्षेत्रफल बनाया गया है। इन 12 तीलियों की सहायता से 3 वर्ग तीली क्षेत्रफल का क्षेत्र कैसे तैयार करेंगे?

107. छह तीलियों से $\sqrt{3}$ वर्ग तीली क्षेत्रफल का क्षेत्र कैसे बनाओगे?

(12) विविध प्रश्न

108. रमेश ने एक टेलीजिवन 2200 रुपए में बेचकर 10 प्रतिशत लाभ कमाया तथा दूसरे टेलीविजन को 2200 रुपए में बेचकर 10 प्रतिशत घाटा उठाया। बताओ, उसने कुल कितने रुपए लाभ या हानि अर्जित की?

109. निम्नांकित चित्र में चित्रित बिंदु बहुत से वर्गों के शीर्ष हैं, जिनमें कोई से दो वर्गों का उभयनिष्ठ शीर्ष नहीं है, यद्यपि इन वर्गों की भुजाओं की हिस्सेदारी हो सकती है। इन बिंदुओं से वर्गों का चित्रण करो।

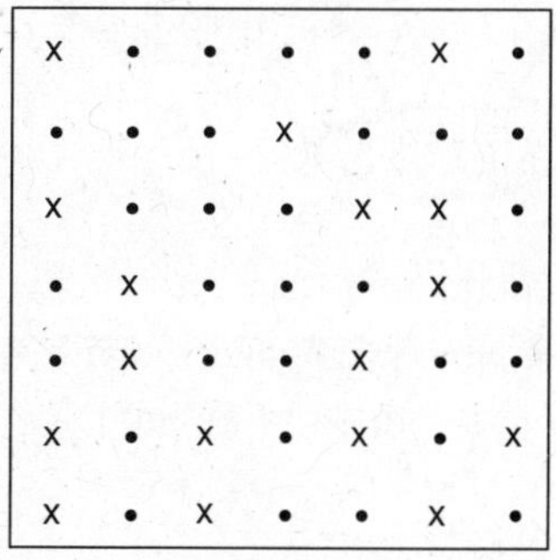

110. एक बड़े आलू का आधा टुकड़ा हमारे पास है, जिसमें सात आँखें निम्नांकित चित्र के अनुसार हैं।

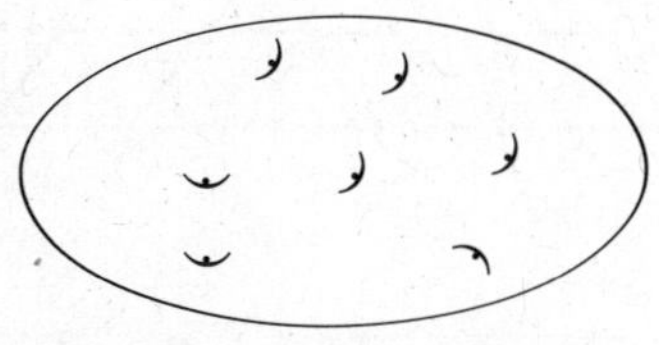

आलू के इस टुकड़े को छुरी से तीन सरल रेखाओं की दिशा में कैसे काटें कि प्राप्त प्रत्येक टुकड़े में एक ही आँख हो?

111. खाली स्थानों में 0 से 27 तक छूटे अंक भरो, जिससे तीनों छल्लों का अंक-योग समान हो जाए।

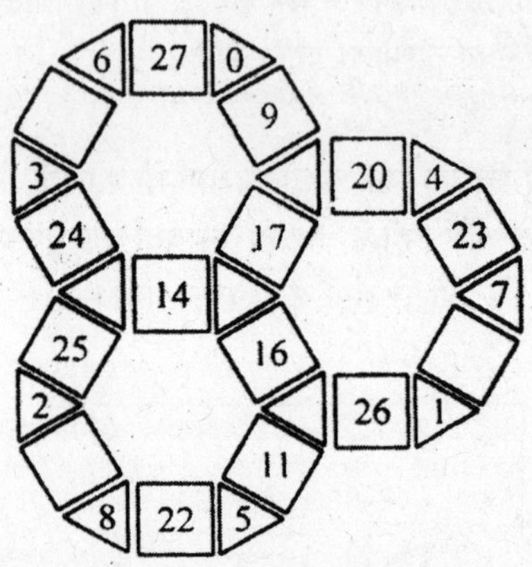

112. प्रत्येक चतुर्भुज में 1 से 9 तक अलग-अलग अंक इस प्रकार भरिए कि प्रत्येक पंक्ति का अंक-योग समान हो जाए।

113. एक कसाई पैंठ (साप्ताहिक बाजार) में एक पड्डा, एक बकरी, एक भेड़ तथा मुरगा खरीदकर लाया। नीचे दी गई वर्ग पहेली की पहली पंक्ति में भेड़ तथा मुरगे की संयुक्त कीमत लिखी है। दूसरी पंक्ति में भेड़ की कीमत लिखी है तथा तीसरी पंक्ति में मुरगे की कीमत लिखी है।

a	b	c
d		
e		

प्रथम स्तंभ में ऊपर से नीचे पड्डे तथा बकरी की संयुक्त कीमत लिखी है, दूसरे स्तंभ में ऊपर से नीचे पड्डे की कीमत है तथा तीसरे स्तंभ में ऊपर से नीचे बकरी की कीमत है।

वर्ग पहेली के प्रति लघु वर्ग में 0 से 9 तक विभिन्न अंक लिखे हैं तथा किसी भी अंक की आवृत्ति नहीं हुई है। प्रत्येक जानवर की अलग-अलग कीमत बताओ।

114. 1 से 9 तक संख्याओं को 1 से प्रारंभ करके ऐसे क्रम में लिखो कि संख्याओं की तीन पंक्तियाँ बनें, साथ ही अंतिम पंक्ति की संख्या शेष दो पंक्तियों की संख्याओं का योग हो।

115. 0 से 9 तक अंकों में से कोई एक अंक लेकर वृत्तों में रखें, जिससे प्रत्येक पंक्ति के अंकों का गुणनफल समान ही हो। किसी भी अंक की पुनरावृत्ति न हो।

116. वर्ग पहेली के रिक्त स्थानों को प्रथम चार रूढ़ संख्याओं से भरो कि

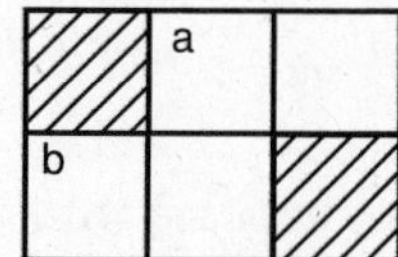

बाएँ से दाएँ पंक्ति में

(a) अनुपम की उम्र

(b) अनुपम, बनवारी तथा चंचल की संयुक्त उम्र।

ऊपर से नीचे स्तंभ में

(a) अनुपम तथा बनवारी की संयुक्त उम्र है।

स्मरण रहे कि चंचल की उम्र अनुपम तथा बनवारी की संयुक्त उम्र की दुगुनी है।

117. M आकृति की वर्ग पहेली के विभिन्न रिक्त स्थानों में 1 से लेकर 9 तक पृथक् अंक भरो, जिससे हर दिशा में तीनों वर्गों के अंकों का योग 13 हो।

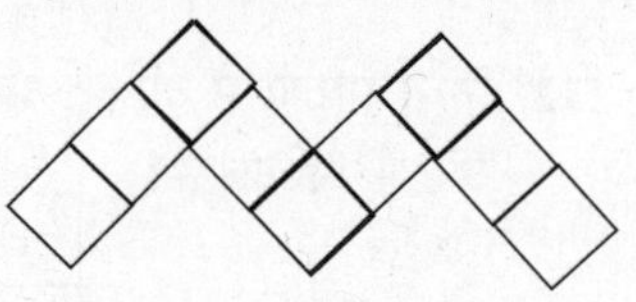

118. मेरा साइकिल टोकन नं. इस प्रकार है—

1. यदि टोकन नं. 3 से विभाज्य है तो यह 50 से 59 के बीच है।
2. यदि यह 5 से अभाज्य है तब 60 से 69 के बीच है।
3. यदि यह 6 से अभाज्य है तब यह 70 से 79 के बीच है।

बताओ, टोकन का नं. क्या है?

119. रिक्त कोषों को 0 से 9 तक के अंकों से भरकर जब A से जानेवाली विभिन्न दिशाओं के समानांतर कोषों की संख्याओं को पढ़ें तो वे 7 के गुणज ही हों तथा कोई दो संख्याएँ आपस में समान भी न हों।

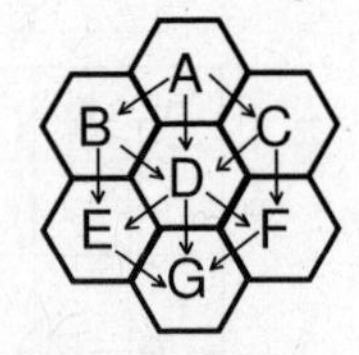

120. वर्ग पहेली को 0 से 9 तक अंकों से पूर्ण करो जबकि a, b, c, d लिखे किसी भी वर्ग में 0 नहीं है। तथा—

ऊपर से नीचे स्तंभ में

(a) अंबिका, बसंती, छाया तथा दया नामक चार लड़कियों में से मात्र तीन की संयुक्त उम्र।

(b) छाया की उम्र

(c) दया की उम्र।

▨	a	b
c		
d		▨

बाएँ से दाएँ पंक्ति में

(a) अंबिका की उम्र।

(c) अंबिका, बसंती, छाया तथा दया की संयुक्त उम्र।

(d) बसंती की उम्र।

यह भी बताओ (a) स्तंभ में किसकी उम्र छोड़ दी गई है?

121. रोहित किसी आवश्यक कार्य से अलीगढ़ से आगरा गया। जाते समय उसकी गाड़ी की चाल 60 किमी. प्रति घंटा थी, परंतु वह वापसी में 40 किमी. प्रति घंटा की चाल से आराम-आराम से लौटा। बताओ, उसने किस औसत चाल से यात्रा तय की?

122. निम्न सारणी में अंकित अक्षरों के मान बताओ, स्तंभ तथा पंक्तियों का योग अंत में अंकित है।

B	L	O	C	K	33
B	O	K	B	B	33
L	O	K	K	K	24
L	C	C	K	O	34
O	C	L	B	B	37
35	35	29	33	29	

123. अनुक्रम 1, 28, 496, 8128, 130816, 130816, 2096128... की अगली संख्या बताओ।

124. 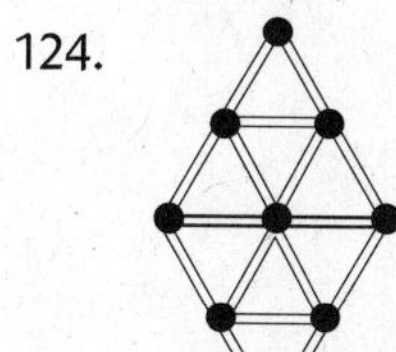

दी गई ज्यामितीय आकृति में जो कि 16 तीलियों से निर्मित है, 10 त्रिभुज हैं। चार तीलियों को इस प्रकार हटाओ कि चार त्रिभुज ही शेष रहें।

125. निम्न आरेख के ऊपर बिंदु चित्र को इस प्रकार रखो कि प्रत्येक वृत्त पर दो बिंदु तथा प्रत्येक सरल रेखा पर दो बिंदु हों।

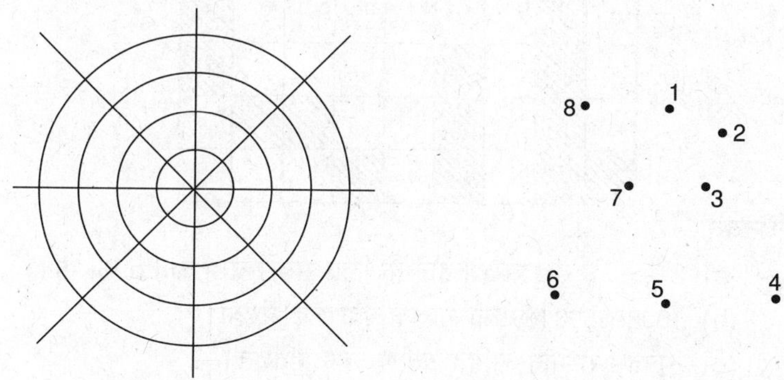

126. चार सरल रेखाओं द्वारा किसी क्षेत्र को अधिकतम कितने खंडों में विभाजित किया जा सकता है?

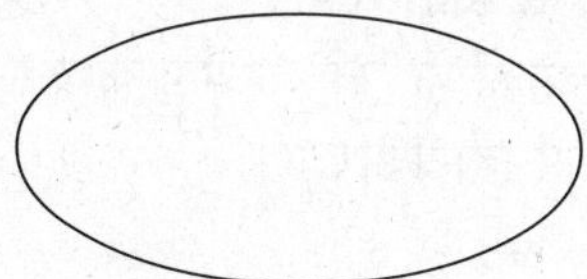

127. नीचे के चित्र में ऊर्ध्वाधर पट्टियों में चार संख्याएँ या चिह्न अंकित हैं, इन पट्टियों को स्थान बदलकर या घुमाकर पुनः व्यवस्थित करो, जिससे पंक्तियों के अनुगत सार्थक समीकरण प्राप्त हों।

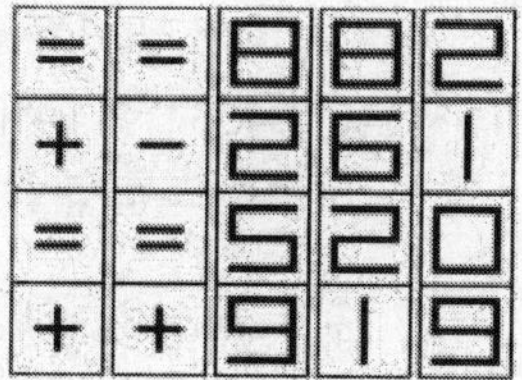

128. तीन पृथक् अंकों की वह संख्या बताओ, जो दर्पण में देखने पर अपरिवर्तित रहती है और उलट भी जाती है।

129. निम्नलिखित वर्ग पहेली को इस प्रकार भरो कि

		i	j				u	v
	s				c	p		
a				m				
h					d			
		e	l					
		b		k	n	q	r	
				g				
				f				w
						t		

पंक्तिवत्—

(a) $2^n - 1$ के रूढ़ संख्या होने के लिए सबसे बड़ा ज्ञात n का मान।

(b) 100895598169 की भाजक एक रूढ़ संख्या।

(c) न्यूनतम सम्मान-सहित उत्तीर्ण अंक प्रतिशत।

(d) फिबोनीकी संख्या।

(e) दो लगातार संख्याओं का गुणनफल।

(f) दो लगातार अंकों से बनी संख्या।

(g) दो प्राकृतिक संख्याओं के घनों के योग के रूप में दो प्रकार से लिखी जानेवाली छोटी-से-छोटी संख्या।

(h) जनित संख्या।

(i) संख्या, जिसके इकाई तथा दहाई के अंक एक ही हैं।

(s) पवित्र धार्मिक संख्या का चौगुना।

(t) 14031 के विभाजनों की संख्या का एक भाजक।

(u) भिन्न रूप में निरूपित परिमेय संख्या .727272... का हर।

स्तंभवत्—

(a) 1 + 112302 की भाजक रूढ़ संख्या।

(i) दो प्राकृतिक संख्याओं के चतुर्घातों के योग के रूप में दो प्रकार से लिखी जानेवाली छोटी-से-छोटी संख्या।

(j) 20 की विभाजन संख्या।

(k) परिपूर्ण संख्या।

(c) धार्मिक संख्या।

(l) रूढ़ संख्या।

(m) स्वयंभू संख्या।

(n) 11 से विभाज्य संख्या।

(p) दो लगातार विषम संख्याओं का गुणनफल।

(q) संख्या जिसके इकाई तथा दहाई के अंक एक ही रूढ़ संख्या हैं।

(r) दो रूढ़ संख्याओं का गुणनफल, जिनके इकाई के अंक एक ही हैं।

(s) धोखेबाज।

(v) वह संख्या जिसके विभाजनों की संख्या 127 अंकों की विभाज्य संख्या है।

(w) मनु, शक, इन्द्र से निरूपित अंक।

130. निम्नलिखित वर्ग पहेली को गणितज्ञों के नाम से पूर्ण करो। पंक्ति एवं स्तंभवत् संकेत साथ दिए हैं।

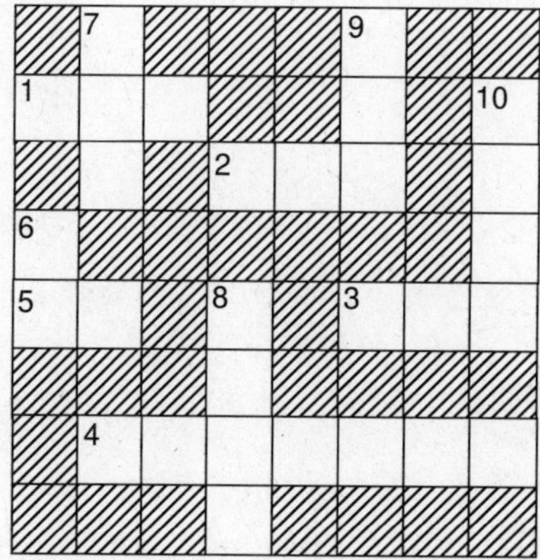

पंक्तिवत्—

1. लीलावती के रचयिता।
2. 'प्रिंसीपिया' के रचनाकार।
3. गणितज्ञ, जिसे एक ही प्रमेय ने प्रसिद्ध कर दिया।
4. 'गणित कौमुदी' के रचयिता।
5. जिसने गवेषणा कार्य उस समय किए जब वह वकालत करते थे।

स्तंभवत्—

6. मिलियन, बिलियन आदि जिसने सर्वप्रथम प्रयोग किया।
7. गणितज्ञ जिसका नाम एक त्रिभुज से जुड़ा है।
8. 'दीर्घ चतुरश्रस्यान्कया रज्जुः पार्श्वमानी तिर्य्यङ् मानी च यत् पृथग्भूते कुरुतस्त दुभय करोति' शुल्व सूत्र के रचनाकार।
9. रेखा विशेष का नाम, जिस गणितज्ञ के नाम से प्रसिद्ध है।
10. एक प्रसिद्ध शुल्वकार।

□

अध्याय-4 के प्रश्नों के समाधान

1. 775 − 605 = 170,

605 − 520 = 85,

तथा 775 − 520 = 255 का म.स. = 85

अतः स्कॉर्फ की नाप 85 सेंमी. × 90 सेंमी.

प्रत्येक टुकड़े में से शेष कपड़े की लंबाई 85 से 520 में भाग देने पर बचा शेष = 10 सेंमी.

पहले टुकड़े से बने स्कॉर्फों की संख्या $= \frac{520 - 10}{85} = 6$

दूसरे टुकड़े से बने स्कॉर्फों की संख्या $= \frac{605 - 10}{85} = 7$

तीसरे टुकड़े से बने स्कॉर्फों की संख्या $= \frac{775 - 10}{85} = 9$

स्कॉर्फों की कुल संख्या = 6 + 7 + 9 = 22

उत्तर = 22

2. 7 − 2 × 4 = −1

11 − 3 × 4 = −1

15 − 4 × 4 = −1

∵ संख्या में 7, 11 तथा 15 से भाग देने पर

क्रमशः 2, 3 तथा 4 से शेष बचते हैं।

∴ संख्या के चौगुने में 7, 11 तथा 15 से भाग देने पर 1 बचेगा।

7, 11 तथा 15 का ल.स. = 7 × 11 × 15 = 1155

अभीष्ट संख्या $= \frac{1155 + 1}{4} = 289$

उत्तर = 289

3. माना संख्या x है

$\therefore \quad x = 7l + 2, \ldots\ldots\ldots\ldots\ldots\ldots (1)$

$x = 9m + 5, \ldots\ldots\ldots\ldots\ldots\ldots (2)$

$x = 11n + 3, \ldots\ldots\ldots\ldots\ldots\ldots (3)$

समीकरण (1) तथा (3) से $\quad x = \dfrac{11 \times 7c + (11 \times 2 - 7 \times 3)}{11 - 7}$

$$= \frac{77c + 1}{4}$$

समीकरण (2) में रखने पर $\quad \dfrac{77c + 1}{4} \equiv 5$ (मापांक 9 है)

$\Rightarrow 77c + 1 \equiv 20$ (मापांक 36)

$\Rightarrow 77c \equiv 19$ (मापांक 36)

$\Rightarrow 5c \equiv 19$ (मापांक 36)

$\Rightarrow c \equiv 11$ (मापांक 36)

अतः $x = \dfrac{77 \times 11 + 1}{4} = 212$

अन्य विधि : संख्या के तिगुने को 7 तथा 9 से भाग देने पर 6 बचेंगे।

$\therefore$ 3 गुनी संख्या = $7 \times 9n + 6$,

संख्या = $21n + 2 \equiv 3$ (मापांक 11)

$\Rightarrow -n \equiv 1$(मापांक 11)

$\Rightarrow n + 1 \equiv 0$ (मापांक 11)

$\therefore$ $n = 10$ तथा संख्या $21 \times 10 + 2 = 212$

उत्तर = 212

4. 2, 3, 4, 5, 6 का ल.स. = 60

चूँकि लड्डुओं की संख्या 7 से विभाज्य है

अतः लड्डुओं की संख्या $60x + 1 \equiv 0$ (मापांक 7)

$\Rightarrow 60x \equiv 6$ (मापांक 7)

$\Rightarrow 4x \equiv 6$ (मापांक 7)

$\Rightarrow x \equiv 5$ (मापांक 7)

लड्डुओं की संख्या = $60 \times 5 + 1 = 301$

उत्तर = 301

5. $2 - 1 = 1$

$3 - 2 = 1$

$4 - 3 = 1$

$5 - 4 = 1$

$6 - 5 = 1$

$7 - 6 = 1$

$8 - 7 = 1$

$9 - 8 = 1$

$10 - 9 = 1$

अत: संख्या = (2, 3, 4, 5, 6, 7, 8, 9, 10 का ल.स.) n – 1

$= 9 \times 8 \times 7 \times 5\, n - 1 = 2520\, n - 1$

यह 13 से विभाज्य है। अत: $2520\, n - 1 \equiv 0$ (मापांक 13)

$\Rightarrow 11n - 1 \equiv 0$ (मापांक 13 है)

$\Rightarrow n = 6$

अभीष्ट संख्या = $2520 \times 6 - 1 = 15119$

गन्नों की संख्या = 15119, मूल्य = $15119 \times \frac{10}{13}$ रु. = 11630 रु.

6. $7 - 2 \times 3 = 1$

$11 - 2 \times 5 = 1$

$15 - 2 \times 7 = 1$

दुगुने गड्ढों की संख्या = (7, 11, 15 का ल. स.) –1

$= 7 \times 11 \times 15 - 1$

$= 1154$

गड्ढों की संख्या $= \frac{1154}{2} = 577$

उत्तर = 577

7.

2	3	4	5	6	7	8	9	10	11	12
–1	–2	–3	–4	–5	–6	–7	–8	– 9	–10	–11
1	1	1	1	1	1	1	1	1	1	1

काली मिर्चों की मात्रा

$= (2, 3, 4, 5, 6, 7, 8, 9, 10, 11, 12$ का ल. स.$)\ n - 1$

$= 11 \times 7 \times 5 \times 9 \times 8 \times n - 1$

$= 27720\ n - 1 \equiv 0$ (मापांक 13)

$\Rightarrow 4n - 1 \equiv 0$ (मापांक 13)

$\Rightarrow n = 10$

काली मिर्चों की मात्रा = 27,71,99 किग्रा.

उत्तर = 277199 किग्रा.

8. टॉफियों की कुल संख्या

$= (2, 3, 4, 5, 6, 7, 8, 9, 10, 11, 12$ का ल० स०$)\ n + 1$

$= 8 \times 9 \times 5 \times 7 \times 11 \times n + 1$

$= 27720\ n + 1 \equiv 0$ (मापांक 13)

$\Rightarrow 4n + 1 \equiv 0$ (मापांक 13)

$\Rightarrow n = 3$

टॉफियों की कुल संख्या $= 27720 \times 3 + 1 = 83161$

उत्तर = 83161

9. गायों की संख्या = (3, 7, 9, 13, 21 का ल. स.)

$= 7 \times 9 \times 13 = 637$

10. चारों कमरों में बरातियों की संख्या क्रमशः

$(4 \times 8) + 1, (4 \times 4) + 1, (4 \times 2) + 1, (4 \times 1) + 1$

अर्थात् 33, 17, 9, 5 कुल बराती = 33 + 17 + 9 + 5 = 64

उत्तर = 64, 33, 17, 9, 5

नोट— यदि पाँच कमरे होते तो पाँच कमरों के प्रकरण में पाँचों कमरों में बरातियों की संख्या क्रमशः

$(5\times16)+1,\ (5\times8)+1,\ (5\times4)+1,\ (5\times2)+1,\ (5\times1)+1$

अर्थात् 81, 41, 21, 11, 6

कुल बराती = 160

यदि n कमरे होते तो इन कमरों में बरातियों की संख्या क्रमशः

$n \times 2^{n-1} + 1, n \times 2^{n-2} + 1, n \times 2^{n-3} + 1, \ldots\ldots\ldots n + 1,$

11. चार मेहमानों के प्रकरण में

प्रत्येक मेहमान द्वारा खाई गई पूड़ियों की संख्या = $2^{4-1} = 8$
पहले मेहमान की थाली में रखी पूड़ियों की संख्या = $2^4 - 1 = 15$
पूड़ियों की कुल संख्या = $4 \times 8 = 32$

उत्तर = 32, 8, 15

नोट— यदि मेहमानों की संख्या 5 होती तो

प्रत्येक मेहमान द्वारा खाई पूड़ियों की संख्या $2^{5-1} = 16$
पहले मेहमान की थाली में रखी पूड़ियों की संख्या = $2^5 - 1 = 31$
बाजार से लाई गई कुल पूड़ियों की संख्या = $5 \times 16 = 80$

यदि मेहमानों की संख्या n होती तो

प्रत्येक मेहमान द्वारा खाई पूड़ियों की संख्या 2^{n-1}
पहले मेहमान की थाली में रखी पूड़ियों की संख्या $2^n - 1$
बाजार से लाई गई कुल पूड़ियों की संख्या = $n \times (2^{n-1})$

12. n लोगों के लिए इस प्रकार के प्रश्नों में लड्डुओं की कुल संख्या = $n^{n+1} - (n-1)$
तीन लोगों के इस प्रश्न में लड्डुओं की कुल संख्या = $3^{3+1} - (3-1)$
= 79

$79 - 1 = 78$
$78 - 26 = 52$
$52 - 1 = 51$
$51 - 17 = 34$
$34 - 1 = 33$
$33 - 11 = 22$
$22 - 1 = 21 = 3 \times 7$

सरीन द्वारा खाए लड्डू = $26 + 7 = 33$
नवीन द्वारा खाए लड्डू = $17 + 7 = 24$
प्रवीन द्वारा खाए लड्डू = $11 + 7 = 18$
गाय द्वारा खाए लड्डू = 4

उत्तर = 24, 18, 33, 4

13. n लोगों के लिए इस प्रकार के प्रश्नों में रेवड़ियों की कुल संख्या = $n^{n+1}-(n-1)$

चार लोगों के इस प्रश्न में रेवड़ियों की कुल संख्या = $4^{4+1} - (4-1)$

= 1024 − 3 = 1021

1021 − 1 = 1020

1020 − 255 = 765

765 − 1 = 764

764 − 191 = 573

573 − 1 = 572

572 − 143 = 429

429 − 1 = 428

428 − 107 = 321

321 − 1 =320 = 4 × 80

रमेश द्वारा खाई गई रेवड़ियाँ = 1+ 255 + 80 = 336

सुरेश द्वारा खाई गई रेवड़ियाँ = 1+ 191 + 80 = 272

महेश द्वारा खाई गई रेवड़ियाँ = 1+ 143 + 80 = 224

दिनेश द्वारा खाई गई रेवड़ियाँ = 1+ 107 + 80 = 188

शेष रेवड़ी = 1, योग = 1021 रेवड़ी

उत्तर = 1 किग्रा.

14. n आदमियों के प्रकरण में ऐसे प्रश्नों में

कुल वस्तुओं की संख्या = $n^n - (n-1)$

इस प्रश्न में n=3

अतः कुल रोटियों की संख्या = $3^3 - (3-1) = 25$

उत्तर = 25

15. चोरों के प्रकरण में चोरी के कुल रुपयों की संख्या = n^{n+1}

इस प्रकरण में n=4

अतः चोरी में मिले कुल रुपए = $4^{4+1} = 4^5 = 1024$

1024 − 256 = 768

768 − 192 = 576

576 − 144 = 432

432 − 108 = 324 = 4 × 81

चारों चोरों के बाँट क्रमशः 256 + 81, 192 + 81, 144 + 81, 108 + 81

अर्थात् 337, 273, 225, 189 रुपए आए

उत्तर = 1024, 337, 273, 225, 189

16. n लड़कों के प्रकरण में कुल आमों की संख्या = 2^n-1

इस प्रश्न में n=3

इस प्रकरण में कुल आमों की संख्या = $2^3-1 = 7$

पहले लड़के ने $\frac{7}{2}+\frac{1}{2}=4$ आम खाये। शेष आम 7−4 =3

दूसरे लड़के ने $\frac{3}{2}+\frac{1}{2}=2$ आम खाए। शेष आम 3−2 =1

तीसरे लड़के ने $\frac{1}{2}+\frac{1}{2}=1$ आम खाया। शेष आम 1−1 =0

17. n लड़कों के प्रकरण में कुल भैंसें = $2^{n+1}-1$

इस प्रकरण में n = 4

अतः इस प्रश्न में कुल भैंसें = $2^{4+1}-1 = 2^5-1 = 31$

पहले लड़के को मिली भैंसें $=\frac{31}{2}+\frac{1}{2}=16$, शेष 15

दूसरे लड़के को मिली भैंसें $=\frac{15}{2}+\frac{1}{2}=8$, शेष 7

तीसरे लड़के को मिली भैंसें $=\frac{7}{2}+\frac{1}{2}=4$, शेष 3

चौथे लड़के को मिली भैंसें $=\frac{3}{2}+\frac{1}{2}=2$, शेष 1

1 भैंस रतनलाल पर रही।

उत्तर = 31, 15, 7, 3, 1

18. पहले मेहमान के सामने परोसे गए लड्डू

प्रत्येक मेहमान द्वारा खाए गए लड्डू

$$=\frac{7p_6 + 7p_5 + 7p_4 + 7p_3 + 7p_2 + 7p_1 + 7p_0}{7p_7}$$

$$= \frac{5040 + 2520 + 840 + 210 + 42 + 7 + 1}{5040}$$

$$= \frac{8660}{5040}$$

$$= \frac{433}{252}$$

पहले मेहमान के सामने परोसे गए लड्डू = 433

प्रत्येक मेहमान द्वारा खाए लड्डू = 252

उत्तर = 433, 252

19. निम्नांकित माया वर्ग की क्रमागत पंक्तियों अथवा स्तंभों के अनुसार पाँचों लड़कों में भैंसें बाँटी जा सकती हैं।

17	24	1	8	15
23	5	7	14	16
4	6	13	20	22
10	12	19	21	3
11	18	25	2	9

20. पहले कुँजड़े के 1 रुपए के 2 नीबू

दूसरे कुँजड़े के 1 रुपए के 3 नीबू

2 रुपए के 5 नीबू

दूसरे कुँजड़े के सारे नीबू बिक गए तब तक पहले के 500 बिके ।

शेष 250 नीबू 2 रु. के 5 के भाव से 100 रु. के बिके।

जबकि 1 रु. के 2 के भाव से 125 रु. के बिकने थे।

अत: 25 रु. का घाटा पहले कुँजड़े को उठाना है।

21. पहले लड़के द्वारा हर बार में नौकरों को दिए रुपए $2^4 = 16$

दूसरे लड़के द्वारा हर बार में नौकरों को दिए रुपए $2^4 - 2 = 14$

ससुराल जाते समय लड़कों द्वारा ले जाए गए रुपए $= (2^5 - 1) + 14$

$= 31 + 14 = 45$

नोट— n लड़कों की n ससुरालें हों तो पहले लड़के द्वारा हर बार में नौकरों को दिए रुपए = 2^n

दूसरे लड़के द्वारा हर बार में नौकरों को दिए रुपए = 2^n-2

ससुरालों को जाते समय प्रत्येक लड़के द्वारा ले जाए गए रु. = $2^{n+1}+2^n-3$

उत्तर = 45, 16, 14

22. चारों बुर्जों पर सैनिकों की संख्याओं का अनुपात क्रमशः
1:2:3:4 अनुपाती योग = 1+2+3+4=10

पहले बुर्ज पर सैनिकों की संख्या $= 1000 \times \frac{1}{10} = 100$

दूसरे बुर्ज पर सैनिकों की संख्या = 200

तीसरे बुर्ज पर सैनिकों की संख्या = 300

चौथे बुर्ज पर सैनिकों की संख्या = 400

उत्तर = 100, 200, 300, 400; 100

23. समान सैनिकों की स्थिति में अंत में प्रत्येक बुर्ज पर सैनिकों की संख्या $= 4^4 = 256$

पहले बुर्ज पर सैनिकों की संख्या= $(4+1)^4 - 4(4+1)^3 = 125$

दूसरे बुर्ज पर सैनिकों की संख्या = $(4+1)^4 - 4^2(4+1)^2 = 225$

तीसरे बुर्ज पर सैनिकों की संख्या= $(4+1)^4 - 4^3(4+1)^1 = 305$

चौथे बुर्ज पर सैनिकों की संख्या = $(4+1)^4 - 4^4 = 369$

उत्तर = 125, 225, 305, 369

24. माना पाँचों लड़कों ने a, b, c, d, e किग्रा. गेहूँ x रु. प्रति किग्रा. तथा 100–a, 80–b, 60–c, 40–d, 20–e किग्रा. गेहूँ y रु. प्रति किग्रा. बेचे।

प्रश्नानुसार $ax + (100-a)y = bx + (80-b)y = cx + (60-c)y$
$= dx + (40-d)y = ex + (20-e)y = 110$

$$\therefore\ a = \frac{110-100y}{x-y}, b = \frac{110-80y}{x-y}, c = \frac{110-60y}{x-y},$$

$$d = \frac{110-40y}{x-y}, e = \frac{110-20y}{x-y}$$

a, b, c, d, e समानांतर श्रेणी में हैं, जिसका सर्वांतर $\frac{20y}{x-y}$

$x > y$ तब $110 > 100y$ अर्थात् $y = 1$

प्रश्नानुसार $x - y \leq 5 \Rightarrow x \leq 5 + y \Rightarrow x = 6$

अत: $a = 2, b = 6, c = 10, d = 14, e = 18$

उत्तर = पहले लड़के के 2 किलोग्राम 12 रु. के तथा 98 किलोग्राम 98 रु. के,
दूसरे लड़के के 6 किलोग्राम 36 रु. के तथा 74 किलोग्राम 74 रु. के,
तीसरे लड़के के 10 किलोग्राम 60 रु. के तथा 50 किलोग्राम 50 रु. के,
चौथे लड़के के 14 किलोग्राम 84 रु. के तथा 26 किलोग्राम 26 रु. के,
पाँचवें लड़के के 18 किलोग्राम 108 रु. के तथा 2 किलोग्राम 2 रु. के,

25. यदि नमक n गुना तथा गुड़ nवाँ हिस्सा मिलता है और
गेहूँ के कुल भार का नमक तथा गुड़ भी इतना ही खरीदना है
तब नमक तथा गुड़ की मात्रा का अनुपात n : 1, अनुपाती योग n +1
क्योंकि n भाग नमक के लिए दिया गया गेहूँ 1 भाग
तथा 1 भाग नमक के लिए दिया गया गेहूँ n भाग
योग = 1 + n

अत: वर्तमान प्रश्न के संदर्भ में जबकि n = 2, नमक की मात्रा $\frac{5}{2} \times \frac{2}{3}$ किग्रा.

तथा गुड़ की मात्रा $\frac{5}{2} \times \frac{1}{3}$ किग्रा.

उत्तर = $\frac{5}{3}$ किग्रा., $\frac{5}{6}$ किग्रा.

26. माना पहले को x रु. मिले

$$x + \left(\frac{5x}{4} + 1\right) + 2\left(\frac{5x}{4} + 1\right) + 1 = 80 \Rightarrow x = 16$$

या सीधे 80 से 1 घटाकर पुन: 1 के तिगुने घटाने पर प्राप्त संख्या को $1 + \frac{5}{4} + \frac{5}{2} = \frac{19}{4}$ से भाग दें तो 16 आए। अत: 16 रु. पहले को, 21 रु. दूसरे को 43 रु. तीसरे को मिलेंगे।

उत्तर = 16 रु., 21 रु., 43 रु.

27. एक मोती का मूल्य × (मोतियों की संख्या-4)

= एक लाल का मूल्य × (लालों की संख्या-4)

= एक मणि का मूल्य × (मणियों की संख्या-4)

= एक हीरे का मूल्य × (हीरों की संख्या-4)

मोतियों की संख्या −4=100−4=96

लालों की संख्या −4= 10−4= 6

मणियों की संख्या −4= 8−4= 4

हीरों की संख्या −4= 5−4= 1

इन चारों संख्याओं का गुणा करके समीकरण में भाग देने पर

$$\frac{\text{एक मोती का मूल्य}}{6 \times 4 \times 1} = \frac{\text{एक लाल का मूल्य}}{96 \times 4 \times 1} = \frac{\text{एक मणि का मूल्य}}{96 \times 6 \times 1}$$

$$= \frac{\text{एक हीरे का मूल्य}}{96 \times 6 \times 4}$$

अत: चारों जिंसों के मूल्यों का अनुपात 1:16:24:96

उत्तर = 1:16:24:96

28. माना भैंस की कीमत x रुपए

तथा सभी व्यापारियों पर कुल k रुपए थे।

चारों व्यापारियों पर क्रमशः a, b, c, तथा d रुपए थे।

अत: $x = a + \frac{k-a}{2} = b + \frac{k-b}{3} = c + \frac{k-c}{4} = d + \frac{k-d}{5}$

$\therefore a = 2x - k, b = \frac{3x}{2} - \frac{k}{2}, c = \frac{4x}{3} - \frac{k}{3}$ & $d = \frac{5x}{4} - \frac{k}{4}$

$$\therefore a + b + c + d = 2 + \left(2 + \frac{3}{2} + \frac{4}{3} + \frac{5}{4}\right)x - \left(1 + \frac{1}{2} + \frac{1}{3} + \frac{1}{4}\right)k$$

$$\Rightarrow k\left(1 + 1 + \frac{1}{2} + \frac{1}{3} + \frac{1}{4}\right) = \left(2 + \frac{3}{2} + \frac{4}{3} + \frac{5}{4}\right)x$$

$$\text{भैंस की कीमत} = \frac{1+\left(1+\frac{1}{2}+\frac{1}{3}+\frac{1}{4}\right)}{\left(\frac{2}{1}+\frac{3}{2}+\frac{4}{3}+\frac{5}{4}\right)} k \text{ रु.}$$

$$= \frac{24+6+4+3}{24+18+16+15} k \text{ रु.} = \frac{37}{73} k$$

$$\text{पहले व्यापारी पर रुपयों की संख्या} = \frac{2}{1} x - k$$

$$= \frac{2}{1} \times \frac{37}{73} k - k = \frac{k}{73}$$

$$\text{दूसरे व्यापारी पर रुपयों की संख्या} = \frac{3}{2} x - \frac{1}{2} k$$

$$= \frac{3}{2} \times \frac{37k}{73} - \frac{k}{2} = \frac{38}{2 \times 73} k$$

$$\text{तीसरे व्यापारी पर रुपयों की संख्या} = \frac{4}{3} x - \frac{1}{3} k$$

$$= \frac{4}{3} \times \frac{37}{73} - \frac{k}{3} = \frac{75}{3 \times 73} k$$

$$\text{चौथे व्यापारी पर रुपयों की संख्या} = \frac{5}{4} x - \frac{1}{4} k$$

$$= \frac{5}{4} \times \frac{37k}{73} - \frac{k}{4} = \frac{112}{4 \times 73} k$$

अत: भैंस की कीमत और प्रत्येक व्यापारी पर रुपयों की संख्या का अनुपात
111 : 3 : 57 : 75 : 84
चारों व्यापारियों के रुपयों का अनुपाती योग = 3 + 57 + 75 + 84 = 219

पहले व्यापारी पर कुल रुपए = $3 \times \frac{21900}{219}$ = 300 रु.

दूसरे व्यापारी पर कुल रुपए = 5700 रु.

तीसरे व्यापारी पर कुल रुपए = 7500 रु.

चौथे व्यापारी पर कुल रुपए = 8400 रु.

भैंस की कीमत 11100 रु.

उत्तर = 11100 रु., 300 रु., 5700 रु., 7500 रु., 8400 रु.

29. माना पाँचों आदमियों पर क्रमशः a, b, c, d तथा e रुपए थे। हारमोनियम की कीमत x रुपए थी

$$\therefore x = 2a = \frac{3b}{2} = \frac{4c}{3} = \frac{5d}{4} = \frac{6e}{5}$$

पाँचों आदमियों पर रुपयों की संख्या तथा हारमोनियम की कीमत के अनुपात

$\frac{1}{2}:\frac{2}{3}:\frac{3}{4}:\frac{4}{5}:\frac{5}{6}:1$ अर्थात् 30 : 40 : 45 : 48 : 50 : 60

$\because$ हारमोनियम की कीमत 2400 रु.

अतः पाँचों आदमियों पर रुपयों की संख्या क्रमशः 1200 रु., 1600 रु., 1800 रु., 1920 रु., 2000 रु.

उत्तर = 1200 रु., 1600 रु., 1800 रु., 1920 रु., 2000 रु.

30. माना छात्रों की संख्या = x

$\therefore\ 5x + 15 = 6(x - 15) \Rightarrow x = 105$

अतः छात्रों की संख्या = 105 तथा पेंसिलों की संख्या = 5×105+15 =540

उत्तर = 105, 540

31. $$\frac{1}{2}x + \frac{1}{2}\left(\frac{2}{3} + \frac{1}{5}\right)x + 52 = x$$

$$\Rightarrow \frac{x}{2} + \frac{13x}{30} + 52 = x$$

$$\Rightarrow \frac{x}{2} - \frac{13x}{30} = 52$$

$$\Rightarrow \frac{2}{30}x = 52$$

$$\Rightarrow x = 780$$

उत्तर = 780 सेंमी.

32. चारों राजाओं द्वारा एक घंटे में मकान का निर्मित भाग $= \frac{1}{12} + \frac{1}{24} + \frac{1}{36} + \frac{1}{48}$

$$= \frac{12 + 6 + 4 + 3}{144}$$

$$= \frac{25}{144}$$

मरम्मत का कुल समय $= \frac{144}{25}$ घंटे

= 5 घंटे 45 मि. 36 से.

उत्तर = = 5 घंटे 45 मि. 36 से.

33. $\frac{4x}{3} - \frac{4x}{3} \times \frac{1}{4} - 500 = 2500$

$\Rightarrow x = 3000$ रु.

उत्तर = 3000 रु.

34. माना छत्ते में कुल x मधुमक्खियाँ थीं।

समूह में मधुमक्खियों की संख्या $= \frac{x}{4} + \frac{x}{5} + 3\left(\frac{x}{4} - \frac{x}{5}\right) + 1$

$$= \left(\frac{x}{4} + \frac{3x}{4}\right) + \left(\frac{x}{5} - \frac{3x}{5}\right) + 1$$

$$= x - \frac{2x}{5} + 1$$

$$= \frac{3x}{5} + 1$$

$\frac{x}{4}, \frac{x}{5}$ तथा $3\left(\frac{x}{4} - \frac{x}{5}\right)$ पूर्णांक हैं। अत: $x = 5 \times 4 = 20$

समूह की मधुमक्खियों की संख्या $= \frac{3 \times 20}{5} + 1$

= 13

उत्तर = 13, 20

35. $37 + \frac{x}{2} + \frac{x}{9} + \frac{x}{5} + 63 + 70 = x$

$$\Rightarrow 170 = x - \left(\frac{x}{2} + \frac{x}{5} + \frac{x}{9}\right)$$

$$\Rightarrow 170 = \frac{x}{2} - \frac{14x}{45}$$

$$\Rightarrow 170 = \frac{17}{90}x \Rightarrow x = 900$$

उत्तर = 900

36. माना पहले घोड़े की कीमत a रु. तथा दूसरे घोड़े की कीमत b रु. तथा जीन की कीमत x रु.

$\therefore \quad x + b = 30a$------------ (1)

तथा $\quad x + a = 2b$------------ (2)

समीकरण (1) तथा (2) से

$3x + a = 60a$

$\Rightarrow 3x = 59a$

$x = 59, a = 3, b = 31$

उत्तर = 3:31:59

37. माना संख्या का इकाई का अंक x तथा दहाई का अंक y है।

$(1000y + x) + (x + y).\ 10 = 677.\ (y + x)$

$\Rightarrow \quad 1000.y + x = 667.(x + y)$

$\Rightarrow \quad 333.y = 666.x$

$\Rightarrow \quad y = 2.x$

$\because$ अंक योग 9 से अधिक है

अत: $x = 4, y = 8$

संख्या = 84

उत्तर = 84

38. माना चारों संख्याएँ क्रमशः a, b, c, d हैं।

प्रश्नानुसार $4a = \frac{b}{4} = c + 4 = d - 4$

तथा $a + b + c + d = 100$

अतः $b = 16a, c = 4a - 4, d = 4a + 4$

$\therefore \quad a + 16a + (4a - 4) + (4a + a) = 100$

$\Rightarrow \quad 25a = 100$

$\Rightarrow \quad a = 4$

अतः संख्याएँ 4, 64, 12, 20

उत्तर = 4, 64, 12, 20

39. माना चारों संख्या में क्रमशः a, b, c, d हैं।

प्रश्नानुसार $x.a = \frac{b}{x} = c + x = d - x$ तथा $a + b + c + d = 45$

अतः $b = ax^2, c = ax - x, d = ax + x$

तथा $a + ax^2 + (ax - x) + (ax + x) = 45$

$\Rightarrow a + ax^2 + 2ax = 45$

$\Rightarrow a (x^2 + 2x + 1) = 45$

$\Rightarrow a (x + 1)^2 = 5 \times 3^2$

$\Rightarrow a = 5, x + 1 = 3$

$\Rightarrow x = 2, a = 5, b = 20, c = 8, d = 12$

उत्तर = 5, 20, 8, 12

40. मोहन, सोहन तथा रोहन पर मिलाकर कुल रु. $= \frac{90 + 180 + 202}{2}$

$= \frac{472}{2} = 236$

मोहन के पास रुपयों की संख्या = 236 − 180 = 56 रु.

सोहन के पास रुपयों की संख्या = 236 − 202 = 34 रु.

रोहन के पास रुपयों की संख्या = 236 − 90 = 146 रु.

उत्तर = 56 रु., 34 रु., 146 रु.

41. माना संख्या का इकाई का अंक x

तथा दहाई का अंक y है।

प्रश्नानुसार $10y + x = k (x + y)$------------------------(1)

तथा $10y + x + 18 = 10a + a$-----------------(2)

समीकरण (1) से $(10 - k)y = (k - 1)x$

$\therefore$ $x = 10 - k$ तथा $y = k - 1$

समीकरण (2) में रखने पर

$10(k - 1) + (10 - k) + 18 = 11a$

$\Rightarrow 9k + 18 = 11a$

$\Rightarrow 9(k + 2) = 11a$

$\Rightarrow a = 9, k + 2 = 11$

$\Rightarrow a = 9, k = 9$

अतः $x = 1$ तथा $y = 8$

$\therefore$ संख्या 81

उत्तर = 81

42. माना स्टैंड की कीमत x रु.

पहले टेलीविजन की कीमत a रु.

दूसरे टेलीविजन की कीमत b रु.

$\therefore$ प्रश्नानुसार $a + x = 3b$----------------------(1)

तथा $b + x = a$----------------------(2)

$\therefore$ $b + 2x = 3b \Rightarrow 2x = 2b$

$\Rightarrow x = b, a = 2b$

$$\therefore \quad \frac{x}{1} = \frac{a}{2} = \frac{b}{1}$$

उत्तर = kरु., 2k रु., k रु.

43. माना x हाथी, y ऊँट तथा z घोड़े थे।

$100x + 60y + 20z = 1600$-------------------(1)

तथा $x + y + z = 70$-------------------(2)

अर्थात् $3y + z = 80 - 5x$ --------------(3)

तथा $y + z = 70 - x$ ------------(4)

समीकरण (3) से समीकरण (4) घटाने पर

$2y = 10 - 4x$

$\Rightarrow y = 5 - 2x$

$\therefore z = 70 - x - y$

$= 70 - x - (5 - 2x)$

$= 65 + x$

$x = 1$ तो $y = 3, z = 66$

$x > 1$ तो अन्य मान ग्राह्य नहीं हैं। उत्तर = 1, 3, 66

44. माना बरात में x ब्राह्मण, y वैश्य तथा z जाट थे।

प्रश्नानुसार $4x + 2y + \frac{1}{4} \cdot z = 100$ तथा $x + y + z = 100$

अर्थात् $16x + 8y + z = 400$ तथा $x + y + z = 100$

$\therefore 15x + 7y = 300$

$\Rightarrow \quad x = 20 - \frac{7}{15}y$

अतः $x = 13, 6$

तथा $y = 15, 30$

ब्राह्मण ने अधिक थाली प्रयोग की अतः $x = 13, y = 15$, ग्राह्य है

$\therefore z = 72$

उत्तर = 13, 15, 72

45. माना पहले मित्र पर x रु. तथा दूसरे मित्र पर y रु. हैं।

एक गिलास की कीमत z रु. है।

पहले मित्र ने दूसरे से a रुपए माँगे।

प्रश्नानुसार $x + a = 2(y - a)$----------------------(1)

तथा $3\left(x - \frac{a}{3}\right) = y + \frac{a}{3}$ ------------------(2)

अर्थात् $2y - x = 3a$------------------(3)

तथा $3x - y = \frac{4}{3}a$ ---------------(4)

समीकरण (3) व (4) के सरल करने पर

$\therefore \; x = \frac{17}{15}a, \quad y = \frac{31}{15}a$

$a = 15$ रखने पर रुपए पूर्णांक में आएँगे।

$x = 17, y = 31$

उत्तर = पहले मित्र पर 17 रु., दूसरे मित्र पर 31 रु., पहला मित्र दूसरे मित्र से 15 रु. चाहता था।

46. माना सुरेश की उम्र सन् 1996 में x वर्ष थी।

अतः सुरेश का जन्म वर्ष 1990 + x वर्ष

$\therefore\ 1996 - (1900 + x) = x$

$\Rightarrow 2x = 96$

$\Rightarrow\ x = 48$

माना सुरेश के दादा की उम्र सन् 1996 में y वर्ष थी।

अतः उनकी जन्म वर्ष (1800 + y) वर्ष

$\therefore\ 1996 - (1800 + y) = y$

$\Rightarrow 2y = 196$

$\Rightarrow\ y = 98$

उत्तर = सुरेश की उम्र 48 वर्ष, दादा की उम्र 98 वर्ष

47. माना n व्यक्ति राजा से मिले।

उन्हें मिली अशर्फियाँ = 1 + 2 + 3 +...............n

$$= \frac{n(n+1)}{2}$$

कुल व्यक्तियों की संख्या = 128 n

$\because$ प्रत्येक व्यक्ति के बाँट एक अशर्फी आई

$\therefore$ बँटी अशर्फियों की संख्या = 128 n

$$\therefore \quad \frac{n(n+1)}{2} = 128n$$

$\Rightarrow \quad n + 1 = 256$

$\Rightarrow \quad n = 255$

$\therefore$ राजा से प्राप्त अशर्फियों की संख्या = 128 × 255 = 32640

उत्तर = 32640, 255

48. माना n चोर थे।

कुल आमों की संख्या = 1 + 2 + 3 +.........n = 70n

$$\Rightarrow \frac{n(n+1)}{2} = 70n$$

$$\Rightarrow n + 1 = 140$$
$$n = 139$$

अत: कुल आमों की संख्या = 70 × 139 = 9730 उत्तर = 9730, 139

49. माना माली x फूल लेकर चला तथा उसने प्रति मंदिर y फूल चढ़ाए।

पहली बार तालाब में धोकर प्राप्त फूल = $2x$

पहले मंदिर में चढ़ाकर शेष बचे फूल = $2x - y$

दूसरी बार तालाब में धोकर प्राप्त फूल = $4x - 2y$

दूसरे मंदिर में चढ़ाकर शेष बचे फूल = $4x - 2y - y$

तीसरी बार तालाब में धोकर प्राप्त फूल = $8x - 4y - 2y$

तीसरे मंदिर में चढ़ाकर शेष बचे फूल = $8x - 4y - 2y - y$

चौथी बार तालाब में धोकर प्राप्त फूल = $16x - 8y - 4y - 2y$

चौथे मंदिर में चढ़ाकर शेष बचे फूल = $16x - 8y - 4y - 2y - y = 0$

अत: $16x - y(1 + 2 + 4 + 8) = 0 \Rightarrow 2^4x = y(2^4 - 1)$

$$\therefore x = 2^4 - 1 = 15,$$
$$y = 2^4 = 16$$

नोट— n मंदिरों के प्रकरण में कुल फूल = $2^n - 1$

प्रति मंदिर चढ़ाए फूलों की संख्या = 2^n

उत्तर = 15, 16

50. थैलियाँ क्रमश: 1, 2, 4, 8, 16, 32 तथा 37 रुपयों की बाँधी थीं।

51. 7 मंदिरों में प्रति मंदिर चढ़ाए गए रु. = 128

सातवें मंदिर में चढ़ाए गए रु. = 128

सातवें मंदिर में चढ़ाने से पूर्व रु. = 128

छठे मंदिर में चढ़ाने के बाद रु. की संख्या = 64

छठे मंदिर में चढ़ाने से पूर्व रु. की संख्या = 64 + 128

पाँचवें मंदिर में चढ़ाने के बाद रु. की संख्या = 32 + 64

पाँचवें मंदिर में चढ़ाने से पूर्व रु. की संख्या = 32 + 64 + 128

चौथे मंदिर में चढ़ाने के बाद रु. की संख्या = 16 + 32 + 64

चौथे मंदिर में चढ़ाने से पूर्व रु. की संख्या = 16 + 32 + 64 + 128

तीसरे मंदिर में चढ़ाने के बाद रु. की संख्या = 8 + 16 + 32 + 64

तीसरे मंदिर में चढ़ाने से पूर्व रु. की संख्या = 8 + 16 + 32 + 64 + 128

दूसरे मंदिर में चढ़ाने के बाद रु. की संख्या = 4 + 8 + 16 + 32 + 64

दूसरे मंदिर में चढ़ाने से पूर्व रु. की संख्या = 4 + 8 + 16 + 32 + 64 + 128

पहले मंदिर में चढ़ाने के बाद में रु. की संख्या = 2 + 4 + 8 + 16 + 32 + 64

पहले मंदिर में चढ़ाने से पूर्व रु. की संख्या = 2 + 4 + 8 + 16 + 32 + 64 + 128

$= 2(2^7-1)$

घर से ले जाए गए रु. $= 2^7-1 = 127$

नोट— n मंदिरों के प्रकरण में घर से ले जाए गए रुपए $2^n - 1$ होते।

52. माना बच्चा n दिन में घोड़ी को पकड़ लेता है।

$$\Sigma n = 100n \Rightarrow \frac{n(n+1)}{2} = 100n \Rightarrow n = 199$$

उत्तर = 199

53. माना वह बाग से x नीबू लेकर आया।

$$\therefore \frac{1}{2}\left[\frac{1}{2}\left\{\frac{1}{2}\left(\frac{x}{2}+1\right)+1\right\}+1\right]+1 \text{ ....7 चरण} = x$$

$$\Rightarrow \frac{x}{2^7} + \left(1 + \frac{1}{2} + \frac{1}{2^2} + \text{............}7\right) = x$$

$$\Rightarrow \frac{1-\left(\frac{1}{2}\right)^7}{1-\frac{1}{2}} = x - \frac{x}{2^7}$$

$$\Rightarrow 2\left(1-\frac{1}{2^7}\right) = x\left(1-\frac{1}{2^7}\right)$$

$$\Rightarrow x = 2$$

उत्तर = 2 नीबू

54. पहले पुजारी के द्वारा दूध पी लेने के बाद नाद में दूध की मात्रा $= 100 \times \frac{99}{100}$ ली.

दूसरे पुजारी के द्वारा दूध पी लेने के बाद नाद में दूध की मात्रा

$$= 100 \times \left(\frac{99}{100}\right)^2 \text{ ली.}$$

तीसरे पुजारी के द्वारा दूध पी लेने के बाद नाद में दूध की मात्रा

$$= 100 \times \left(\frac{99}{100}\right)^3 \text{ ली.}$$

इसी क्रम से
दसवें पुजारी के द्वारा दूध पी लेने के बाद नाद में दूध की मात्रा

$$= 100 \times \left(\frac{99}{100}\right)^{10} \text{ ली.}$$

कुल चोरी किए गए दूध की मात्रा

$$= 100 - 100 \times \left(\frac{99}{100}\right)^{10} \text{ ली.}$$

$$= 100 \quad 1- \quad \frac{99}{100} \quad ^{10} \quad \text{ ली.}$$

$$= 100 \quad 1- \quad \frac{99}{100} \quad ^{5} \quad 1+ \quad \frac{99}{100} \quad ^{5} \quad \text{ ली.}$$

$= 100 \{ 1 - .95099\} \{1 + .95099\}$ ली.
$= 100 \times .04901 \times 1.95099$ ली.
$= 9.56$ ली.

उत्तर = 9. 56 लीटर

55. पहले नगर में हुआ व्यय = 100 रुपए

दूसरे नगर में हुआ व्यय $= 100 \times \frac{1001}{1000}$ रुपए

तीसरे नगर में हुआ व्यय = $100 \times \left(\frac{1001}{1000}\right)^2$ रुपए

चौथे नगर में हुआ व्यय = $100 \times \left(\frac{1001}{1000}\right)^3$ रुपए

इसी क्रम में,

हजारवें नगर में हुआ व्यय = $100 \times \left(\frac{1001}{1000}\right)^{999}$ रुपए

कुल व्यय = $\left\{100 + 100 \times \frac{1001}{1000} + 100 \times \left(\frac{1001}{1000}\right)^2\right.$

$+100 \times \frac{1001}{1000}^{3}$ +-----------------1000 पदों तक रु.

$$= \frac{100\left\{\left(\frac{1001}{1000}\right)^{1000} - 1\right\}}{\frac{1001}{1000} - 1} \text{ रुपए}$$

= 100000 (e – 1) रुपए जहाँ कि $e = \left(1 + \frac{1}{n}\right)^n$ जबकि n बहुत बड़ा है।

= 100000 (2.71823 – 1) रुपए लगभग

= 171823 रुपए लगभग

उत्तर = 171823 रु.

56. माना मेरी भैंस m किलोग्राम दूध देती है, अतः राम की भैंस 2m + 1 किग्रा. दूध देती है।

राम कुल n भाई हैं। अतः राम के घर में कुल दुग्ध उत्पादन

= (2m + 1) + (2m + 3) + (2m + 5) +..............n पदों तक = 39

$\Rightarrow \frac{n}{2}\{2(2m + 1) + (n - 1) \times 2\} = 39 \Rightarrow n(2m + n) = 3 \times 13$

$\therefore 2m + n = 13$ तथा $n = 3$

$\Rightarrow m = 5, n = 3$

उत्तर = 3 भाई, 11 किग्रा., 13 किग्रा. तथा 15 किग्रा.

57. 100 दिन में पूरा तालाब भर जाता है।
अत: 99 दिन में उसका आधा तथा 98 दिन में उसका भी आधा
अर्थात् एक चौथाई तालाब भर जाएगा।

उत्तर = 98 दिन

58. 1 किलोग्राम, 3 किलोग्राम, 9 किलोग्राम, 27 किलोग्राम तथा 60 किलोग्राम

59. चौधरी चोखेलाल के गड्ढे की समाई की तुलना में
चौधरी राधेश्याम चाहर के गड्ढे की समाई आठ गुनी है।
अत: मजदूरी भी आठ गुनी देनी पड़ेगी।

उत्तर = 80 रुपए

60. $\because$ 1 बढ़ई 1 मेज 1 दिन में तैयार करता है।
$\therefore$ 1 बढ़ई 10 मेज 10 दिन में तैयार करेंगे।
$\therefore$ 10 बढ़ई 10 मेज 1 दिन में तैयार कर देंगे।

उत्तर = 1 दिन

61.

पुरुष	स्त्री	बच्चे	काम	दिन
2	3	4	1	1
4	1	2	1	2
8	2	4	1	1
10	5	8	2	1

उत्तर = 1 दिन

62. टंकी एक घंटे में $\frac{4}{5}$ भाग भरी जाएगी।

अत: $\frac{5}{4}$ घंटे में पूरी भर जाएगी।

उत्तर = 1 घंटा 15 मिनट

63. बसंती तथा रामकली 2 घंटे में $\frac{1}{8}+\frac{1}{12}=\frac{5}{24}$ भाग खेत निराएँगी।

इस प्रकार वे 8 घंटे में $\frac{20}{24}$ भाग खेत निराएँगी।

8 घंटे के बाद शेष बचा कार्य $= 1-\frac{20}{24}=\frac{4}{24}$

1 घंटा बसंती के कार्य करने के बाद शेष कार्य $= \frac{4}{24}-\frac{1}{8}=\frac{1}{24}$

इस कार्य को रामकली $\frac{1}{2}$ घंटे में पूरा कर लेगी।

अतः पूरे खेत को निराने में लगा समय $= 8 + 1 + \frac{1}{2} = 9\frac{1}{2}$ घंटे

कार्य के पूर्ण होने का समय = प्रातः $\left(9+9\frac{1}{2}\right)$ बजे

= सायं $6\frac{1}{2}$ बजे

उत्तर = सायं $6\frac{1}{2}$ बजे

64. रमेश के 1 दिन के कार्य का तीन गुना = सुरेश तथा महेश का 1 दिन का संयुक्त कार्य
अतः रमेश के 1 दिन के कार्य का चार गुना = सुरेश, रमेश तथा महेश का 1 दिन का संयुक्त कार्य

(दोनों पक्षों में रमेश का 1 दिन का कार्य जोड़ा गया है।)

$\therefore$ रमेश का 4 दिन का कार्य = सुरेश, रमेश तथा महेश का 1 दिन का संयुक्त कार्य

$= \frac{1}{10}$

$\therefore$ रमेश का 1 दिन का कार्य $= \frac{1}{40}$

अतः रमेश अकेले कार्य को 40 दिन में पूरा करता है।

उसी प्रकार महेश के 1 दिन के कार्य का दुगुना = सुरेश तथा रमेश का 1 दिन का संयुक्त कार्य

अतः महेश के 1 दिन के कार्य का तीन गुना = सुरेश, रमेश तथा महेश का 1 दिन का संयुक्त कार्य

(दोनों पक्षों में महेश का 1 दिन का कार्य जोड़ा गया है।)

∴ महेश का 3 दिन का कार्य = सुरेश, रमेश तथा महेश का 1 दिन का संयुक्त कार्य

$$= \frac{1}{10}$$

∴ महेश का 1 दिन का कार्य = $\frac{1}{30}$

अतः महेश अकेले कार्य को 30 दिन में पूरा करेगा।

∴ सुरेश का एक दिन का कार्य = $\frac{1}{10} - \left(\frac{1}{40} + \frac{1}{30}\right) = \frac{12-(3+4)}{120} = \frac{1}{24}$

∴ सुरेश 24 दिन में पूरे कार्य को कर लेगा।

उत्तर = 24 दिन, 40 दिन, 30 दिन

65. हरीश कार्य को x दिन में करता है

तथा रजनीश कार्य को 3x दिन में करता है।

∴ $3x - x = 60 \Rightarrow 2x = 60 \Rightarrow x = 30$

∴ हरीश तथा रजनीश अलग-अलग कार्य को पूर्ण करने में क्रमशः 30 दिन तथा 90 दिन लेते हैं।

अतः दोनों के द्वारा संयुक्त रूप से 1 दिन में किया कार्य = $\frac{1}{90} + \frac{1}{30} = \frac{2}{45}$

अतः दोनों के द्वारा संयुक्त रूप से कार्य को पूरा करने में लिया गया समय

$= \frac{45}{2}$ दिन

उत्तर = $22\frac{1}{2}$ दिन

66. 12 बजे से 1 बजे के बीच घड़ी की घंटे और मिनट की सुइयाँ एक बार भी नहीं मिलतीं, परंतु आगे के हर घंटे में एक बार अवश्य मिलेंगी। अतः 12 घंटे में घड़ी की सुइयाँ 11 बार एक-दूसरे से मिलेगी।

उत्तर = 11

67. मानक घड़ी की घंटे की सुई के 60 चक्रों में तीनों घड़ियों में क्रमशः मानक घड़ी से 4 घंटे, 5 घंटे तथा 6 घंटे का अंतर होगा। चूँकि एक चक्र में 12 घंटे होते हैं, अतः 60 × 12 = 720 चक्रों या 360 दिनों में मानक घड़ी से तीनों घड़ियों में क्रमशः 4 चक्करों, 5 चक्करों तथा 6 चक्करों का अंतर होगा। अतः 360 दिन बाद घड़ियाँ पुनः ठीक समय बता रही होंगी।

उत्तर = 360 दिन

68. 8 तथा 9 बजे के बीच दोनों सुइयाँ 8वीं बार एक साथ मिलेंगी।
माना इस समय 8 बजकर x मिनट हैं।
अतः घंटे तथा मिनट की सुइयों द्वारा 12 के अंक से बनाए गए कोण समान हैं।

$$\Rightarrow \frac{8 \times 60 + x}{2} = 6x$$

$$\Rightarrow 240 = \frac{11}{2}x$$

$$\Rightarrow x = \frac{480}{11} \text{ मि.}$$

$$= 43 \text{ मि. } 38\frac{2}{11} \text{ से.}$$

उत्तर = 8 बजकर 43 मि. $38\frac{2}{11}$ से.

69. 6 तथा 7 बजे के बीच घड़ी की दोनों सुइयाँ एक सीध में नहीं होतीं। शेष हर घंटे में एक बार दोनों एक सीध में होती हैं। अतः 12 बजे के बाद उन्नीस घंटे में घड़ी की दोनों सुइयाँ 17 बार एक सीध में होंगी।

70. 8 बजकर 45 मिनट पर घंटे की सुई द्वारा बनाया कोण $\frac{8 \times 60 + 45}{2}$ अंश तथा

मिनट की सुई द्वारा बनाया कोण 6 × 45 अंश दोनों कोणों का अंतर $262\frac{1}{2} \sim 270$

$= 7\frac{1}{2}$ अंश

उत्तर = $7\frac{1}{2}$ अंश

71. (i) 4 बजे घड़ी की सुइयों के बीच 20 मिनट का अंतर है। स्पष्टत: जब घड़ी की सुइयाँ एक-दूसरे के ऊपर होंगी, मिनट की सुई 20 मिनट आगे जा चुकी होगी।

परंतु मिनट की सुई 1 घंटे में घंटे की सुई से 55 मिनट आगे होती है। अत:

20 मिनट आगे आने में लिया गया समय = $\frac{20 \times 60}{55} = 21\frac{9}{11}$ मि.

अत: मिनट की सुई 4 बजकर $21\frac{9}{11}$ मिनट पर घंटे की सुई के ऊपर होंगी।

उत्तर = 4 बजकर $21\frac{9}{11}$ मिनट

(ii) 4 बजे घड़ी की सुइयों के बीच 20 मिनट का अंतर है।

वे परस्पर पर लंबवत् होंगी जब उनके बीच 15 मिनट का अंतर है।

ऐसा दो बार होगा— (A) जब मिनट की सुई 20–15 मिनट = 5 मिनट आगे जाती है।

(B) जब मिनट की सुई 20+15 मिनट = 35 मिनट आगे जाती है।

मिनट की सुई 5 मिनट बढ़ने में $\frac{5 \times 60}{55} = 5\frac{5}{11}$ मिनट लेगी।

अत: प्रथम उत्तर 4 बजकर $5\frac{5}{11}$ मिनट होगा।

मिनट की सुई 35 मिनट आगे बढ़ने में $\frac{35 \times 60}{55} = 38\frac{2}{11}$ मिनट लेगी।

अत: दूसरा उत्तर 4 बजकर $38\frac{2}{11}$ मिनट होगा।

उत्तर = 4 बजकर $5\frac{5}{11}$, 4 बजकर $38\frac{2}{11}$

(iii) घड़ी की सुइयाँ विपरीत दिशा में होंगी जब उनके बीच 30 मिनट अंतर होगा। ऐसा तब होगा जब 4 बजे के बाद मिनट की सुई 30 + 20 = 50 मिनट आगे बढ़ जाती है।

मिनट की सुई 50 मिनट आगे बढ़ेगी $\frac{50 \times 60}{55} = 54\frac{6}{11}$ मिनट में

अतः 4 बजकर $54\frac{6}{11}$ मिनट पर सुइयाँ परस्पर विपरीत दिशा में होंगी।

4 बजकर $54\frac{6}{11}$ मिनट

72. $\because$ घड़ी 50 मिनट सुस्त हुई 10 घंटे में।

$\therefore$ घड़ी 5 मिनट 1 घंटे में सुस्त हुई।

माना सही समय x घंटा है। अतः x घंटे में $\frac{5x}{60}$ घंटे सुस्त होगी।

$\therefore\ x - \frac{5x}{60} = 11$

$\Rightarrow 60x - 5x = 660 \Rightarrow 55x = 660 \Rightarrow x = 12$

उत्तर = सही समय रात के 12 बजे।

73. $66 > 65\frac{5}{11}$

अतः घड़ी की समय हानि हुई।

समय हानि = $24 \times 60 \times \frac{\left(66 - 65\frac{5}{11}\right)}{66} = \frac{24 \times 60 \times 6}{66 \times 11} = \frac{1440}{121}$ मि.

उत्तर = 11 मि. $54\frac{6}{121}$ से. सुस्त

74. जब घड़ी के घंटे की सुई 1 मिनट स्थान आगे बढ़ती है, इस बीच मिनट की सुई 12 मिनट स्थान आगे बढ़ जाती है।

जब घंटे की सुई x मिनट समय स्थान आगे बढ़ती है, इस बीच मिनट की सुई 12x मिनट स्थान आगे बढ़ जाती है।

$\therefore 12x = 60 - x \Rightarrow x = \frac{60}{13}$

सुइयों की परस्पर परिवर्तनीय स्थिति के समय घड़ी की दोनों सुइयों के बीच $4\frac{8}{13}$ मिनट का मूल समय अंतर या इसका गुणज होगा।

घंटे की सुई $\frac{60}{13}$ मिनट समय स्थान घूम जाती है।

5 बजे घड़ी की मिनट की सुई 25 मिनट पीछे है।

मिनट की सुई की समय उपलब्धि = $25 + \frac{60}{13} = \frac{385}{13}$ मिनट

यह उपलब्धि $\frac{385}{13} \times \frac{60}{55} = \frac{420}{13} = 32\frac{4}{13}$ मि. में होगी।

अतः आदमी 5 बजकर $32\frac{4}{13}$ मि. पर बाहर गया।

उत्तर = 5 बजकर $32\frac{4}{13}$ मिनट

75. उत्तर = 12345679 जैसा कि

$$\begin{array}{r} 12345679 \\ \times\ 9 \\ \hline 111111111 \\ \hline \end{array}$$

76. उत्तर = 2178 जैसा कि

$$\begin{array}{r} 2178 \\ \times\ 4 \\ \hline 8712 \\ \hline \end{array}$$

77. उत्तर = 105263157894736842

जैसा कि—

$2 \times 105263157894736842 = \underline{2}10526315789473684$

$3 \times 105263157894736842 = \underline{31578947368421}0526$

$4 \times 105263157894736842 = \underline{42}1052631578947368$

$5 \times 105263157894736842 = \underline{5263157894736842}10$

$6 \times 105263157894736842 = \underline{63157894736842}1052$

$7 \times 105263157894736842 = \underline{736842}105263157894$

$8 \times 105263157894736842 = \underline{842}105263157894736$

$9 \times 105263157894736842 = \underline{9473684}21052631578$

78. उत्तर = 142857

जैसा कि

$2 \times 142857 = \underline{2857}14$

$3 \times 142857 = \underline{42857}1$

$4 \times 142857 = \underline{57}1428$

$5 \times 142857 = \underline{7}14285$

$6 \times 142857 = \underline{857}142$

79. $\frac{1001^{999}}{1000^{1000}} = \left(\frac{1001}{1000}\right)^{1000} \times \frac{1}{1001}$

<1 क्योंकि $2 < \left(1 + \frac{1}{1000}\right)^{1000} < 3$

$1001^{999} < 1000^{1000}$ उत्तर = 1000^{1000}

80. $\sqrt{2}^{\sqrt{2}^{\sqrt{2}^{\sqrt{2}}}} = x \Rightarrow \sqrt{2}^{x} = x$

$\Rightarrow \left(\sqrt{2}^{x}\right)^{2} = x^{2}$

$\Rightarrow \left\{\left(\sqrt{2}\right)^{2}\right\}^{x} = x^{2}$

$\Rightarrow 2^{x} = x^{2}$

$\Rightarrow x \log_{e}2 = 2 \log_{e}x$

$\Rightarrow \frac{x}{\log_{e^{x}}} = \frac{2}{\log_{e^{2}}}$

$\Rightarrow f(x) = f(2)$

$\Rightarrow x = 2$ उत्तर = 2

81. $2^{2^{2^{2}}} = x \Rightarrow 2^{2^{x}} = x$

$\Rightarrow \ 2^{4k} = x$

$\Rightarrow \ (2^{4})^{k} = x$

$\Rightarrow \ (16)^{k} = x$

$\Rightarrow \ x \equiv 1$ (मापांक 5) उत्तर = 1

82. एक संख्या 1 से 81 तक का जोड़ 3321 होता है।

अब इस संख्या में 9 भाग देने से भजनफल 369 आता है।

अब इन 369 को 9 संख्याओं में इस तरह से लिखेंगे कि जिनका योग 369 आए और संख्या में अंक 81 से अधिक न हों तथा रखा अंक दुबारा न आए।

पहली संख्या में 9 अंक रखे जाएँ और बाकी 9 संख्याओं में आठ-आठ अंक हैं।

1	11	21	31	41	51	61	71	81
2	12	22	32	42	52	62	72	
3	13	23	33	43	53	63	73	
4	14	24	34	44	54	64	74	
5	15	25	35	45	55	65	75	
6	16	26	36	46	56	66	76	
7	17	27	37	47	57	67	77	
8	18	28	38	48	58	68	78	
9	19	29	39	49	59	69	79	
10	20	30	40	50	60	70	80	

1	11	21	31	41	51	61	71	81	=	369
2	12	22	32	42	52	62	72	73	=	369
3	13	23	33	43	53	63	64	74	=	369
4	14	24	34	44	54	55	65	75	=	369
5	15	25	35	45	46	56	66	76	=	369
6	16	26	36	37	47	57	67	77	=	369
7	17	27	28	38	48	58	68	78	=	369
8	18	19	29	39	49	59	69	79	=	369
9	10	20	30	40	50	60	70	80	=	369
										3321

83. (i)

$$\begin{array}{r} 9999 \\ 9999 \\ \hline 19998 \\ \hline \end{array}$$

अत: MONEY के M के स्थान पर 1 होगा।

(ii) MORE के M के स्थान पर 1 रखने पर, SEND के S के स्थान पर 8 या 9 होगा अन्यथा योग में हासिल न मिलेगा। 8 लेकर चले तो SEND के E और MORE के O का योग दो अंकों में न आएगा। S = 9

(iii) MONEY को O स्थान पर O होगा।

(iv) SEND की E तथा MONEY की N में $E \neq N$, अत: $E + 1 = N$

$\therefore$ E = 2, 3, 4, 5, 6, 7

N = 3, 4, 5, 6, 7, 8

(v) SEND की N तथा MONEY की E में

$$\begin{array}{c} N \\ R \\ \hline 10 + E \end{array} \qquad \begin{array}{c} E + 1 \\ R \\ \hline 10 + E \end{array}$$

परंतु $R \neq 9$

अत: R = 8

शेष तार्किक परीक्षणों के सहारे आगे बढ़ने पर

N तथा E के संभावित मान

N = 3, 4, 5, 6, 7

E = 2, 3, 4, 5, 6

$$\begin{array}{c} 3 \\ 8 \\ \hline 2 \end{array} \qquad \begin{array}{c} 4 \\ 2 \\ \hline 6 \end{array}$$

हासिल 1 जोड़ने के बाद 2 6 योग दो अंकों में चाहिए

$$\begin{array}{c} 4 \\ 8 \\ \hline 3 \end{array} \qquad \begin{array}{c} 2 \\ 3 \\ \hline 5 \end{array}$$

हासिल 1 जोड़ने के बाद 3 5 योग दो अंकों में चाहिए

$$\begin{array}{c} 5 \\ 8 \\ \hline 4 \end{array} \qquad \begin{array}{c} 2, 3 \\ 4 \\ \hline 6, 7 \end{array}$$

हासिल 1 जोड़ने के बाद 4 6, 7 योग दो अंकों में चाहिए

X X

	6	2, 7
	8	5
हासिल 1 जोड़ने के बाद	5	7, 12
		X

	7	X
	8	6
हासिल 1 जोड़ने के बाद	6	X

निष्कर्ष रूप में N = 6, E = 5

D = 7, Y = 2

Key		
0	→	O
1	→	M
2	→	Y
5	→	E
6	→	N
7	→	D
8	→	R
9	→	S

कूट संदेश—

$$\begin{array}{r} 9\,5\,6\,7 \\ +\ \ 1\,0\,8\,5 \\ \hline 1\,0\,6\,5\,2 \end{array}$$

84. 1 से 9 तक 9 अंक

10, 11, 12,................का 46वाँ पद = 10 + 45 = 55

अत: 1 से 55 तक लगातार संख्याएँ लिखने पर बनी संख्या में

9 + 2 × 46 = 101 अंक होंगे।

अत: 100 अंकों में अंतिम तीन अंक 545

अत: संख्या में 125 से भाग देने पर शेष 45 होगा।

उत्तर = 45

85. 6666..........6 (← n बार →) = 6×(1 +10 + 100+...........n बार)

$$= 6\times\frac{(10^n-1)}{10-1} = \frac{2}{3}\times(100^n-1)$$

8888..........8 (← n बार →) = 8×(1 +10 + 100+...........n बार)

$$= 8\times\frac{(10^n-1)}{10-1} = \frac{8}{9}\times(100^n-1)$$

$$\left(\underbrace{666\ldots\ldots\ldots6}_{\leftarrow n \text{ बार} \rightarrow}\right)^2 + \underbrace{888\ldots\ldots\ldots8}_{\leftarrow n \text{ बार} \rightarrow}$$

$$= \frac{4}{9}\left(10^{2n} - 2.10^n + 1\right) + \frac{8}{9}\left(10^n - 1\right)$$

$$= \frac{4}{9}\left(10^{2n} - 1\right) = 4\;\frac{10^{2n}-1}{10-1} = \underbrace{444\ldots\ldots\ldots4}_{\leftarrow 2n \text{ बार} \rightarrow}$$

86. खेत की तीनों भुजाओं के मध्य बिंदुओं को जोड़ने से क्षेत्र चार अनुरूप क्षेत्रों में विभाजित हो जाएगा। प्रत्येक किसान को बाँट में एक क्षेत्र दे दिया जाए।

87. समलंब चतुर्भुज की विकर्ण A C के मध्य बिंदु F से A B तथा A D के समानांतर रेखाखंड F E तथा F G बनाए। F E तथा A B के मध्य बिंदुओं I तथा H को जोड़नेवाला रेखाखंड I H खींचा।
समलंब चतुर्भुज □ IEBH, □ IFAH, □ GFAD तथा □ GCEF अभीष्ट अनुरूप भूमिखंड हैं।

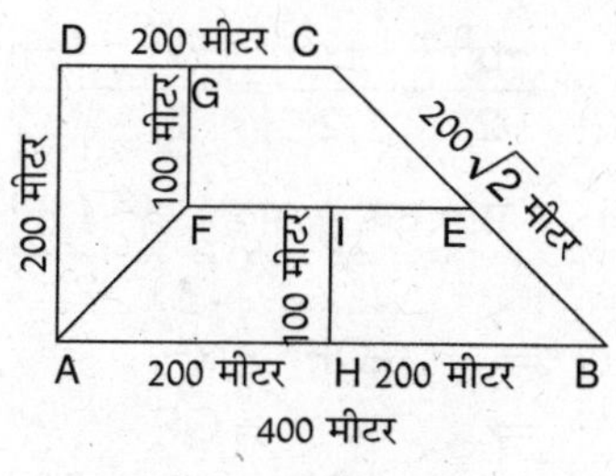

88. यह क्षेत्र L शक्ल है। अत: चारों टुकड़े भी L शक्ल के बनाए जाएँ। पूरे क्षेत्र को 50 मी. × 50 मी. के 12 वर्गों में बाँटा। L शक्ल के चार प्लॉट तीन-तीन वर्ग लेकर चित्रानुसार बनाए।

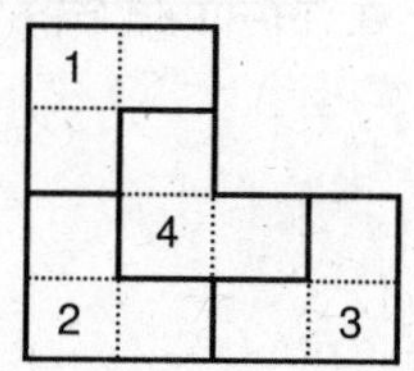

89. सड़क B' A' O A B के बिंदु O पर A'A व्यास पर a मी. अर्धव्यास का अर्धवृत्ताकार मंदिर क्षेत्र है। B'B व्यास पर b मीटर अर्धव्यास का अर्धवृत्ताकार का खाली क्षेत्र है, जिसके मध्य मंदिर बना है। A'B' का लंबार्धक C P खींचा

जो A' B' को C पर काटता है। C को केंद्र मानकर CA' त्रिज्या का वृत्त जो लंबार्धक CP को बिंदु P पर काटता है। बिंदु O को केंद्र मानकर OP त्रिज्या का अर्धवृत्त खींचा। यह अर्धवृत्त ही खाली अर्धवृत्ताकार क्षेत्र की समान विभाजक सीमा है।

उपपत्ति : $OC = \frac{a+b}{2}$, $CA' = \frac{b-a}{2} = PC$

समकोण Δ PCO में बोधायन पाइथागोरस साध्य से

$$OP^2 = PC^2 + OC^2$$

$$= \left(\frac{b-a}{2}\right)^2 + \left(\frac{a+b}{2}\right)^2$$

$$= \frac{a^2+b^2}{2}$$

$$\frac{\pi b^2}{2} - \frac{\pi x^2}{2} = \frac{\pi x^2}{2} - \frac{\pi a^2}{2}$$

$$\Rightarrow \quad x^2 = \frac{a^2+b^2}{2}$$

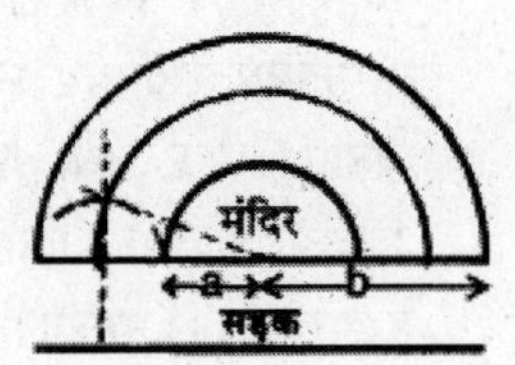

$$\Rightarrow \quad OP^2 = x^2$$

$$\Rightarrow \quad x = OP$$

प्रस्तुत प्रश्न में b = 100 मी., a = 10 मी.

90. निम्नांकित चित्र में दिखाए नक्शे के अनुसार पुनर्विभाजन होगा।

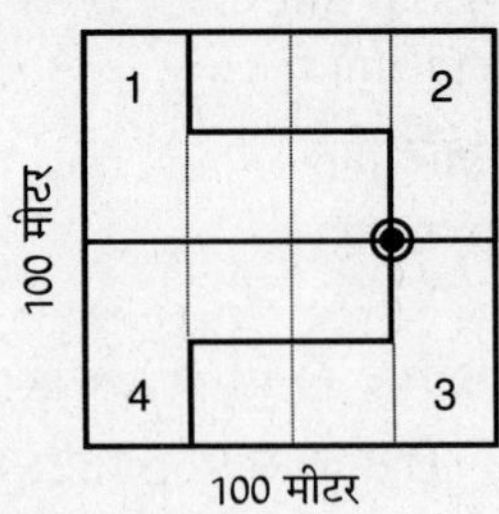

91. निम्नांकित चित्रानुसार क्षेत्र का बँटवारा किया जाए—

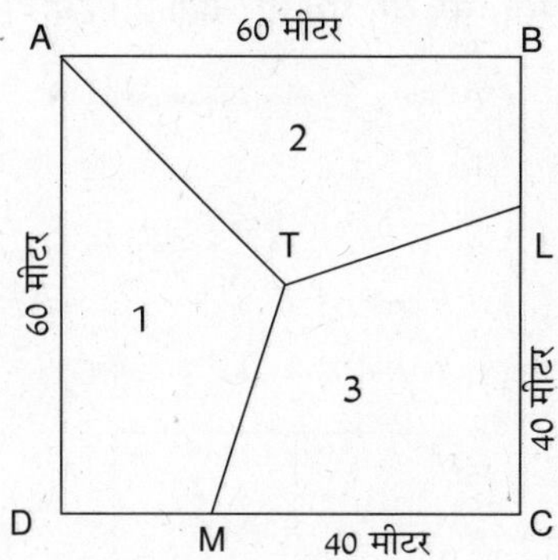

92. तिरपाल के टुकड़े की लंबाई में पाँच समान भाग तथा चौड़ाई में चार समान भाग करो। इन बिंदुओं से टुकड़े के किनारों के समांतर रेखा खींचकर चित्रानुसार ग्राफ बनाओ। ($\rightarrow$) की दिशा में कैंची से काट निचलेवाले टुकड़े को एकदम बाएँ खिसकाकर जोड़ना प्रारंभ करो जैसा कि चित्र में प्रदर्शित है।

93. 250 सेंमी., 600 सेंमी., 650 सेंमी. समकोण त्रिभुज की भुजाओं की नाप हैं। 600 सेंमी. × 600 सेंमी. नाप के पत्थर की भुजाओं पर क्रम से $\frac{600+250}{2} = 425$ सेंमी. तथा $\frac{600-250}{2} = 175$ सेंमी. के मध्य निशान लगाए। आमने-सामने की भुजाओं के बिंदुओं को सरल रेखाओं से जोड़ा तथा इनके अनुगत कटर से काट दिया। अब 250 सेंमी. × 250 सेंमी. नाप के पत्थर की प्रत्येक भुजा के साथ प्रत्येक टुकड़े की लंबी भुजा के समकोण बनानेवाले

कोने से मिलाकर प्रारंभ करते हुए टुकड़ों को व्यवस्थित करके रखा। 650 सेंमी. × 650 सेंमी. का वर्ग पूरा हो जाता है। टुकड़ों को इसी क्रम से फर्श पर फिट करेंगे।

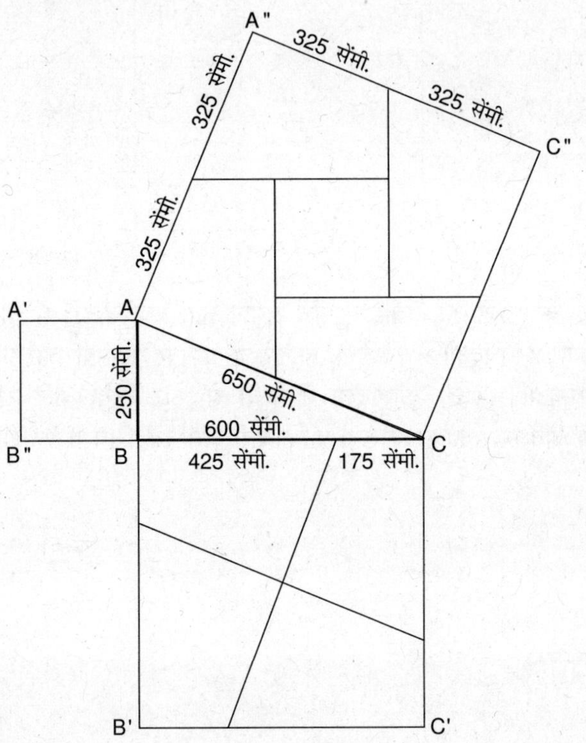

94. A" B" को मिलाकर आगे बढ़ाया जो AB को P पर काटती है। C" D" को मिलाकर आगे बढ़ाया जो CD को Q पर काटती है। PQ पर वर्ग पूरा किया। यह अभीष्ट वर्ग है तथा दी गई आकृति के खंड 1, 2, 3 और 4 हैं।

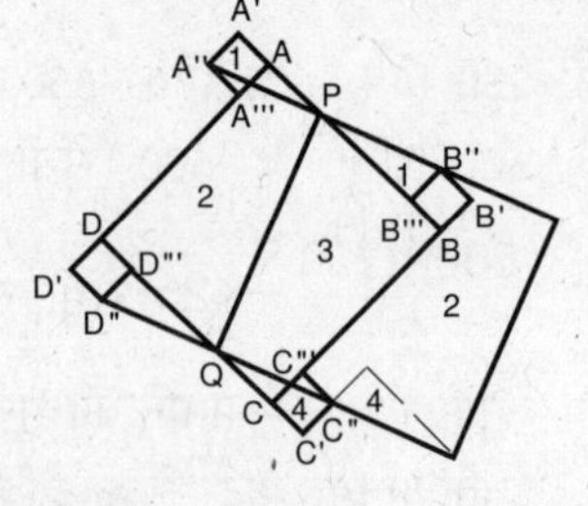

95. वृत्ताकार तश्तरी के दिए गए व्यास के लंबवत् दूसरा व्यास खींचा। इस व्यास के अर्धव्यासों को व्यास मानकर इनपर पूर्व में खींचे अर्धवृत्तों के चक्रीय क्रम में अर्धवृत्त खींचे। प्रत्येक टुकड़ा इन अर्धवृत्तों के अनुगत काटने पर दो अनुरूप खंडों में विभाजित हो जाएगा।

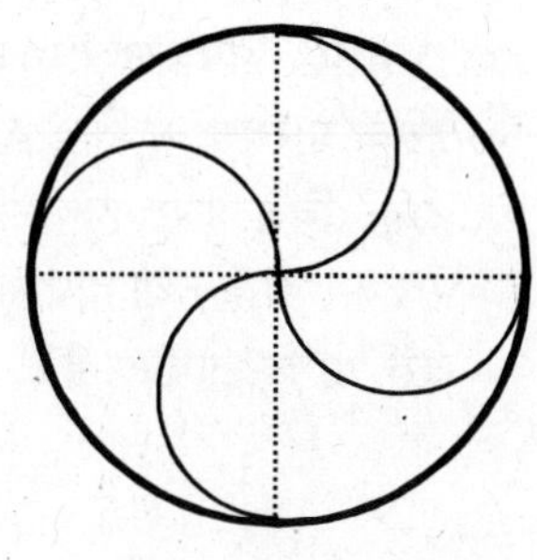

96. त्रिभुज का क्षे. + दोनों लघु अर्धवृत्तों का क्षे. = बड़े अर्धवृत्त का क्षे. + दोनों चंद्रमाओं का क्षे.

$\therefore$ त्रिभुज का क्षे. = दोनों चंद्रमाओं का क्षे.

उत्तर = त्रिभुज के क्षे. के समान

97. भुजाओं a, b, c का अनुपात

$$\frac{a}{\left(\frac{1}{6}\right)} = \frac{b}{\left(\frac{1}{4.8}\right)} = \frac{c}{\left(\frac{1}{8}\right)}$$

$$\Rightarrow \frac{a}{4} = \frac{b}{5} = \frac{c}{3} = \lambda$$

अत: ये समकोण Δ बनाती हैं।

$$\Delta \text{ ABC का क्षे.} = \frac{1}{2} \times 3\lambda \times 4\lambda$$

$$\Rightarrow \frac{1}{2} \times b \times 4.8 = 6\lambda^2$$

$$\Rightarrow \frac{1}{2} \times 4.8 \times 5\lambda = 6\lambda^2$$

$$\Rightarrow \lambda = 2$$

$$\therefore a = 8, b = 10, c = 6$$

उत्तर = सासनी–हस्तपुर के बीच की दूरी = 8 किलोमीटर

इगलास–सासनी के बीच की दूरी = 10 किलोमीटर

हस्तपुर–इगलास के बीच की दूरी = 6 किलोमीटर

98. Δ ABC समकोण त्रिभुज है। अतः इसके परिवृत्त का केंद्र AB पर है। अतः बिजलीघर हाथरस–सादाबाद रोड पर ही है तथा हाथरस से इसकी दूरी 10 किलोमीटर है।

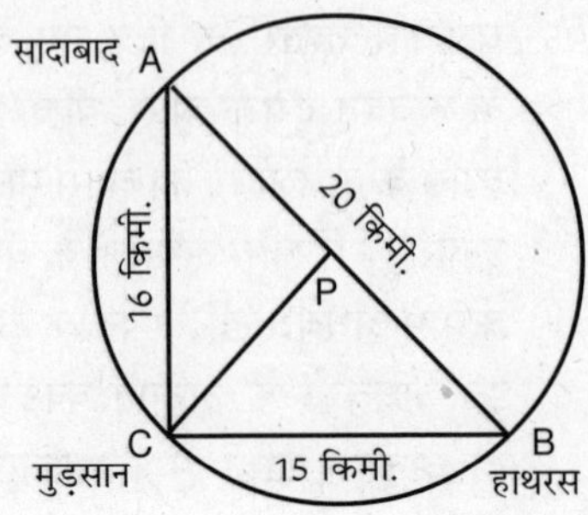

99. $r = \frac{\Delta}{s}$, $s = \frac{50+120+130}{2} = 150$, $\Delta = \frac{1}{2} \times 50 \times 120 = 3000$

$r = \frac{3000}{150} = 20$, तालाब का व्यास = 40 मीटर

उत्तर = 40 मीटर

100. AD = 2.5 किलोमीटर

$\therefore$ SQ = 5 किलोमीटर

चतुर्भुज PQRS का क्षेत्रफल

= Δ PQS का क्षे. + Δ RQS का क्षे.

$= \frac{1}{2} \times 3 \times 4 + \frac{1}{2} \times 5 \times 12 = 36$ वर्ग किमी.

चतुर्भुज PQRS का क्षे. = Δ PQR का क्षे. + Δ PRS का क्षे.

$$\Rightarrow 36 = \sqrt{\left(\frac{16+x}{2}\right)\left(\frac{16-x}{2}\right)\left(\frac{x+8}{2}\right)\left(\frac{x-8}{2}\right)}$$

$$+\sqrt{\left(\frac{16+x}{2}\right)\left(\frac{16-x}{2}\right)\left(\frac{x+10}{2}\right)\left(\frac{x-10}{2}\right)}$$

$$\Rightarrow \sqrt{-x^4 + 320x^2 - 16384} + \sqrt{-x^4 + 356x^2 - 25600} = 144$$

$\Rightarrow p + q = 144$ जहाँ कि $p = \sqrt{-x^4 + 320x^2 - 16384}$ तथा

$q = \sqrt{-x^4 + 356x^2 - 25600}$

परंतु $p^2 - q^2 = -36x^2 + 9216$

$$\Rightarrow (p-q)\,(p+q) = -36x^2 + 9216$$

$$\Rightarrow 144\,(p-q) = -36x^2 + 9216$$

$$\Rightarrow p - q = -\frac{x^2}{4} + 64$$

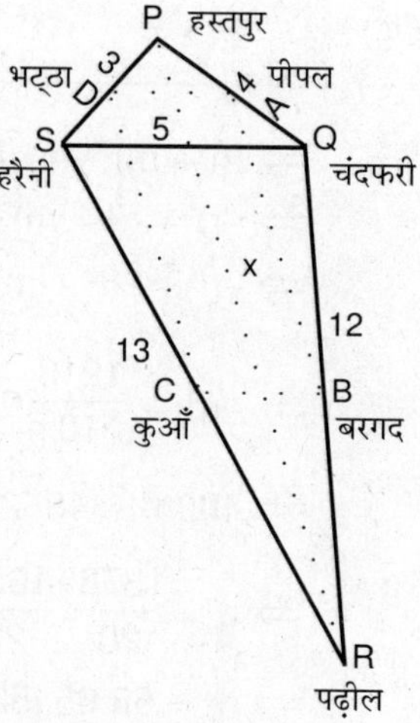

अतः $\quad p + q = 144$

तथा $p - q = -\frac{x^2}{4} + 64$

$$\therefore\ 2p = -\frac{x^2}{4} + 208$$

$$\Rightarrow 8p = -x^2 + 832$$

$$\Rightarrow 64p^2 = x^4 + 1664x^2 + 692224$$

$$\Rightarrow 64\,(-x^4 + 320x^2 - 16384) = x^4 - 1664x^2 + 692224$$

$$\Rightarrow -64x^4 + 22144x^2 - 1740800 = 0$$

$$\Rightarrow x^2 = \frac{1600}{13}, \frac{1088}{5}$$

$$= \frac{40}{\sqrt{13}}, 8\sqrt{\frac{17}{5}}$$

$$= 11.09, 14.75$$

ग्राह्य मान = 14.75

माना DA = l, AB = m तथा DB = n

पुनः समानांतर चतुर्भुज ABCD का क्षे. = $\frac{1}{2}\times$ चतुर्भुज PQRS का क्षे.

$\therefore\ \Delta$ ABD का क्षे. = $\frac{1}{2}\times$ समानांतर चतुर्भुज ABCD का क्षे.

$$\sqrt{\left(\frac{l+m+n}{2}\right)\left(\frac{l+m-n}{2}\right)\left(\frac{l-m+n}{2}\right)\left(\frac{-l+m+n}{2}\right)}$$

$$= \frac{1}{4}\ \text{चतुर्भुज PQRS का क्षे.}$$

$$= \frac{36}{4} = 9$$

$\Rightarrow \{(l + m)^2 - n^2\}\ \{n^2 - (l - m)^2\} = 36^2$

$\Rightarrow -n^4 + \{(l + m)^2 + (l - m)^2\}n^2 - (l^2 - m^2)^2 = 1296$

$\Rightarrow -n^4 + 2(l^2 + m^2)\ n^2 - (l^2 - m^2)^2 = 1296$

$\Rightarrow -n^4 + \frac{1213}{10}n^2 - \left(\frac{963}{20}\right)^2 = 1296$

$\Rightarrow 400n^4 - 48520n^2 + 1445769 = 0$

$\Rightarrow n^2 = \frac{1373}{20}, \frac{1053}{20}$

$\Rightarrow n^2 = 68.65, 52.65$

$\Rightarrow n = 8.285, 7.256$

$\therefore \angle$ BAD अधिक कोण है, अतः ग्राह्य मान 8.285 किमी.

उत्तर = 8.3 किमी.

101. ($\rightarrow$) तीर का चिह्न गति की दिशा बताता है।

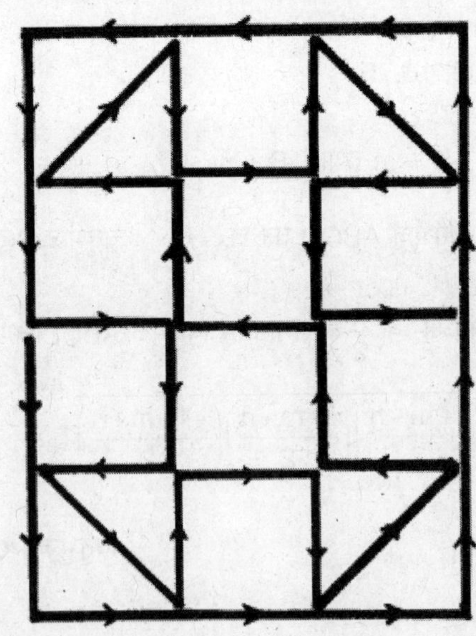

102. पहली, चौथी, चौदहवीं तीली हटाकर तीली संख्या 3 पर वर्ग बनाया।

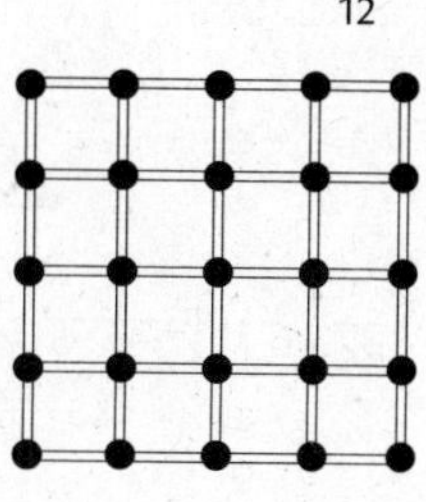

103. 1 वर्ग तीली क्षेत्रफल के वर्ग 16
2 वर्ग तीली क्षेत्रफल के वर्ग 9
3 वर्ग तीली क्षेत्रफल के वर्ग 4
4 वर्ग तीली क्षेत्रफल के वर्ग 1

योग = 30

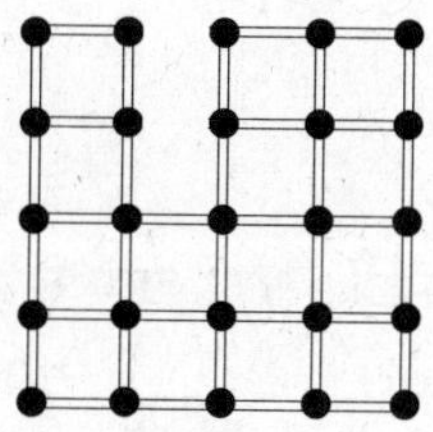

प्रथम तथा दूसरी पंक्तियों से दूसरे नंबर की तीलियाँ हटाने पर

1 वर्ग तीली क्षेत्रफल के वर्ग 14

2 वर्ग तीली क्षेत्रफल के वर्ग 5

योग = 19

यही न्यूनतम संख्या है।

104. पहली पंक्ति से दूसरी तथा तीसरी तीली एवं तीसरे स्तंभ की पहली तीली हटाएँ।

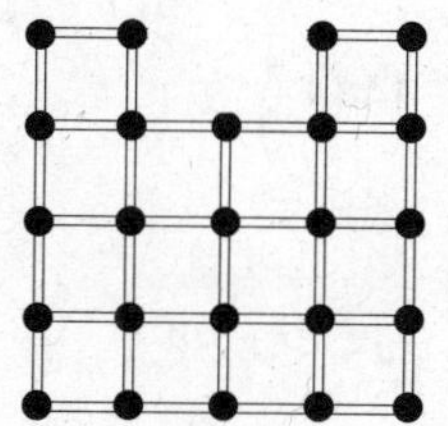

105. आठ तीलियों से समअष्ट भुजाकार आकृति बनाएँ तो क्षेत्रफल महत्तम होगा, जिसका क्षेत्रफल = $2 + 2\sqrt{2}$ वर्ग तीली होगा।

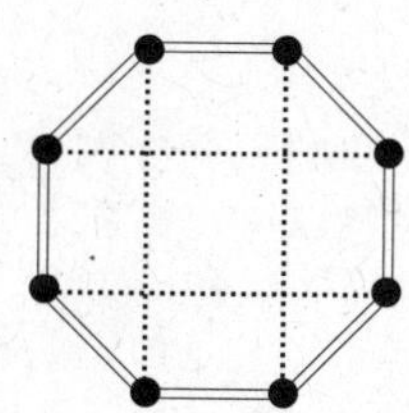

106. 12 तीलियों से 3 वर्ग तीली क्षेत्रफल का क्षेत्र पार्श्वांकित चित्र के अनुसार बनाया जाएगा।

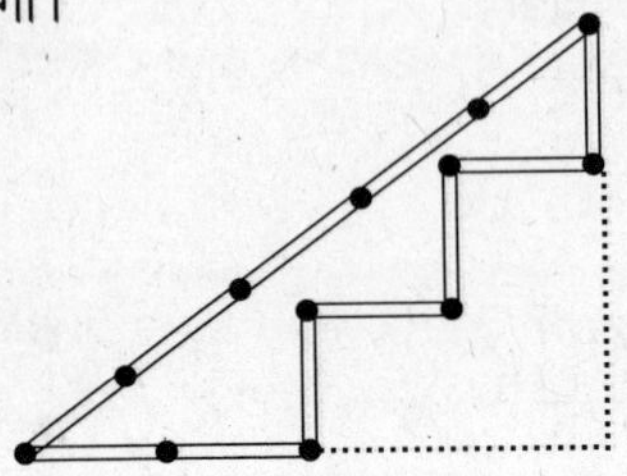

107. 6 तीलियों से बने समबाहु त्रिभुज का क्षेत्रफल $\sqrt{3}$ वर्ग तीली होगा।

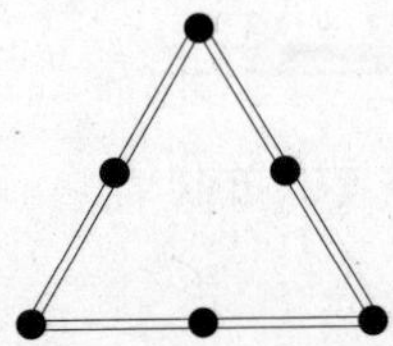

108. 10% लाभ से 2200 रु. विक्रयमूल्य का क्रयमूल्य

$$= 2200 \times \frac{10}{11} = 2000 \text{ रु.}$$

10% हानि से 2200 रु. विक्रयमूल्य का क्रयमूल्य

$$= 2000 \times \frac{10}{9} = 2444\frac{4}{9} \text{ रु.}$$

कुल क्रयमूल्य $= 4444\frac{4}{9}$ रु.

कुल विक्रयमूल्य $= 4400$ रु.

हानि $= 44\frac{4}{9}$ रु.

$$\% \text{ हानि} = \frac{\left(44\frac{4}{9}\right) \times 100}{\left(4444\frac{4}{9}\right)} = \frac{40000}{40000} = 1$$

उत्तर = 1% हानि

109.

x	1	6	3	5	x	3
5	2	4	x	1	8	7
x	4	8	4	x	x	6
1	x	4	3	2	x	3
6	x	2	1	x	5	8
x	5	x	8	x	2	x
x	7	x	2	6	x	7

समान अंकों को सरल रेखाओं द्वारा जोड़कर वर्ग बनाएँ।

110.

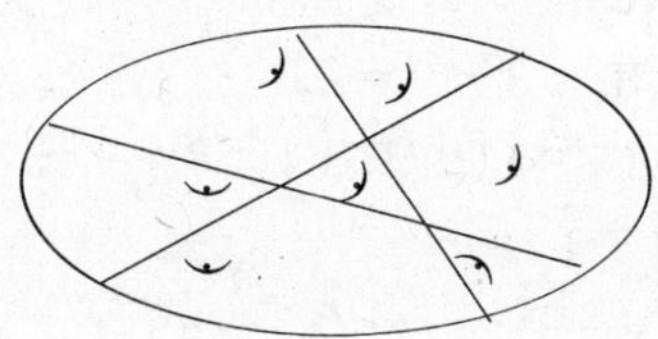

रेखा के एक तरफ चार और दूसरी ओर तीन आँखें छोड़ीं, दो-दो आँखों के बीच होती हुई सरल रेखाएँ खींचीं।

111.

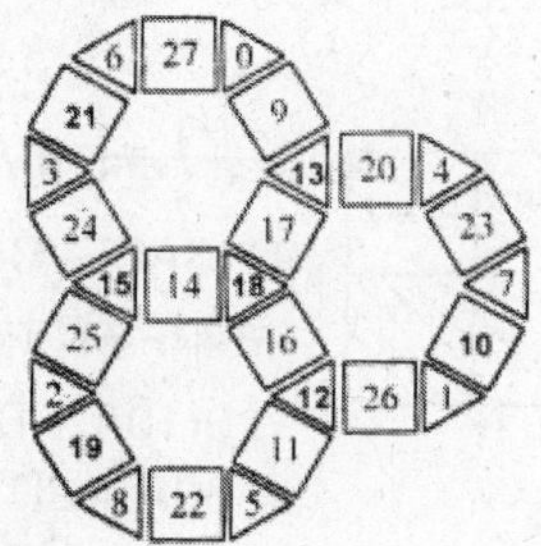

112.

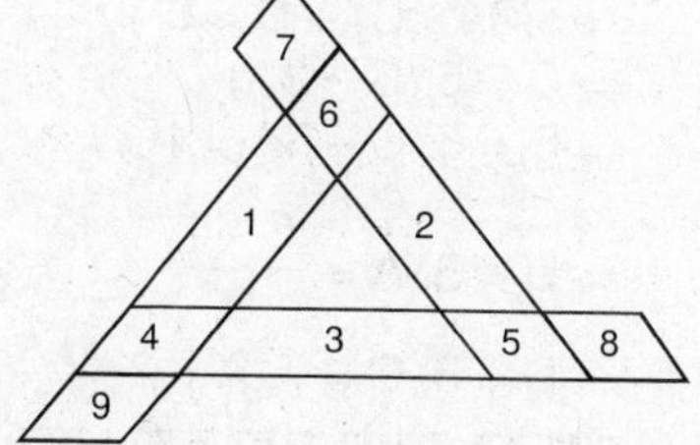

113.

7	3	4
6	0	5
1	2	9

उत्तर = भेड़ की कीमत 605 रु.
मुरग़े की कीमत 129 रु.
पड्डे की कीमत 302 रु.
बकरी की कीमत 459 रु.

114.

1	2	9
4	3	8
5	6	7

115. किसी भी वृत्त में 0, 5 या 7 नहीं होगा अन्यथा गुणनफल समान न हो सकेगा। अत: संख्याएँ 1, 2, 3, 4, 6, 8 तथा 9 में से ही होगी।

इन सभी का ल.स. = 8 × 9 = 72

72 गुणनफलवाले संभव ट्रिपलेट्स 1 × 8 × 9, 3 × 4 × 6, 2 × 4 × 9

पहेली के संभव हल

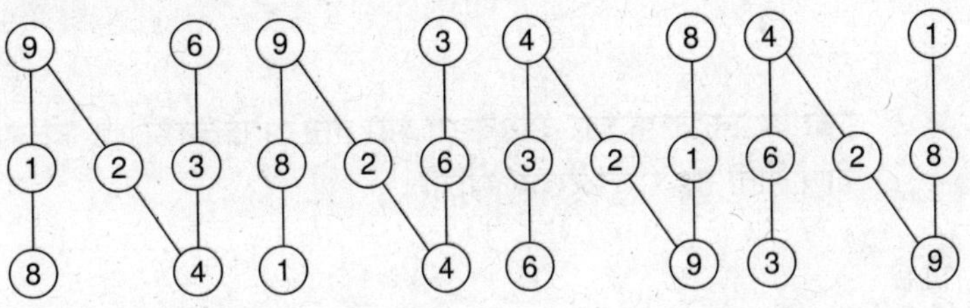

116.

	a A = 2	B = 3
b C = 7	D = 5	

रिक्त स्थानों में A, B, C, D चित्रानुसार अंकित करने पर 3AD = CD ($\because$ चंचल की उम्र अनुपम और बनवारी की संयुक्त उम्र की दुगुनी है।)

$\Rightarrow 3(10A + D) = 10C + D$

$\Rightarrow 30A + 2D - 10C = 0$

$\Rightarrow 15A + D - 5C = 0$

$\Rightarrow 5(3A - C) + D = 0$

$\Rightarrow D = 5\ (C - 3A)$

$\Rightarrow D = 5,\ C - 3A = 1$

$\Rightarrow D = 5,\ A = \dfrac{C-1}{3}$

$\Rightarrow D = 5,\ C = 7,\ A = 2$

शेष रूढ़ संख्या 3 ही बची। अत: B = 3

117. शीर्ष वर्गों में क्रमशः 1 तथा 2 भरें। सबसे नीचे के वर्गों में क्रमशः 3, 4 और 5 भरें। मध्य क्रम वर्गों में क्रमशः 6, 7, 8, 9 प्रतिलोम क्रम में अर्थात् दाएँ से बाएँ भरें।

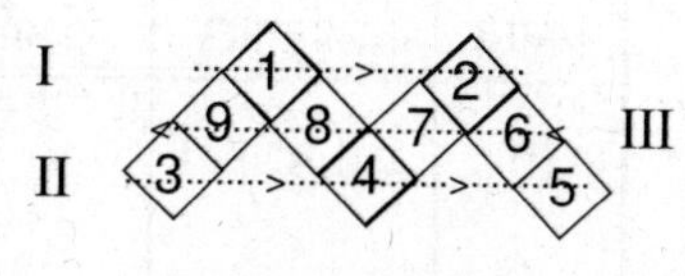

118. माना टोकन नंबर 3 से विभाज्य है। अतः यह 50 से 59 के बीच 51, 54 और 57 में से कोई एक है, परंतु इन तीनों में से कोई भी संख्या 5 से विभाज्य नहीं है। अतः टोकन नंबर 60 से 69 के बीच ही होना चाहिए। ये दोनों असंगत बातें हैं। अतः टोकन नंबर 3 से विभाज्य नहीं है। इसलिए इसके 6 से विभाज्य होने का भी प्रश्न नहीं उठता।

स्थिति (iii) से यह संख्या 70 से 79 के बीच 70, 71, 73, 74, 76, 77 या 79 में से कोई एक है। इनमें से 70 को छोड़कर कोई भी संख्या 5 से विभाज्य नहीं है। अतः स्थिति (ii) से संख्या के 5 से अभाज्य होने की स्थिति में यह 60 और 69 के बीच होनी चाहिए, जो कि असंगत है। इससे निष्कर्ष यह निकला कि 70 ही अभीष्ट टोकन नंबर हो सकता है।

उत्तर = 70

119. 7 की दो अंकों की गुणज संख्याएँ 00, 07, 14, 21, 28, 35, 42, 49, 56, 63, 70, 77, 84, 91 तथा 98

A के संभावित मान 0, 2, 4, 7 या 9

तथा G के संभावित मान 0, 1, 4, 7 या 8

स्थिति	चयनित A	संभावित B या C	A B	A C
I	0 या 7	0 या 7	00 07 70 77	07 00 77 70
II	2 या 9	1 या 8	21 28 91 98	28 21 98 91
III	4	2 या 9	42 49	49 42

स्थिति	चयनित G	संभावित E या F	E G	F G
(i)	0 या 7	0 या 7	00 07 70 77	07 00 77 70
(ii)	1 या 8	2 या 9	21 28 91 98	28 21 98 91
(iii)	4	1 या 8	42 49	49 42

स्थिति I, II, या III स्थिति (i), (ii) या (iii) के साथ इस प्रकार सहअस्तित्व में होंगे कि BE सदैव 7 से विभाज्य हो।

स्थिति I— यदि B = 0 या 7 तब E = 0 या 7 इस स्थिति में 00, 07, 70 या 77 AB, AC, EG और FG के स्थान पर दो बार आएँगे। अतः यह स्थिति असंभव है।

स्थिति II— यदि B = 1 या 8 तब E = 4 असंभव स्थिति है क्योंकि (i), (ii) या (iii) E = 4 होने की अनुमति नहीं देते।

स्थिति III— अतः यह स्थिति शेष रहती है। जब B = 2 या 9 तब E = 1 या 8 इस स्थिति में ही स्थिति (iii) का सहस्तित्व होगा।

अतः A = 4 तब G = 4

$\because$ ADG, 7 से विभाज्य है

अतः

$$\begin{array}{r} 4\ 2 \\ 1\ 4 \\ \hline 4\ 3\ 4 \end{array}$$

से D = 3

स्थिति III तथा (iii) को समवेत दृष्टि में रखते हुए चार हल प्राप्त होते हैं।

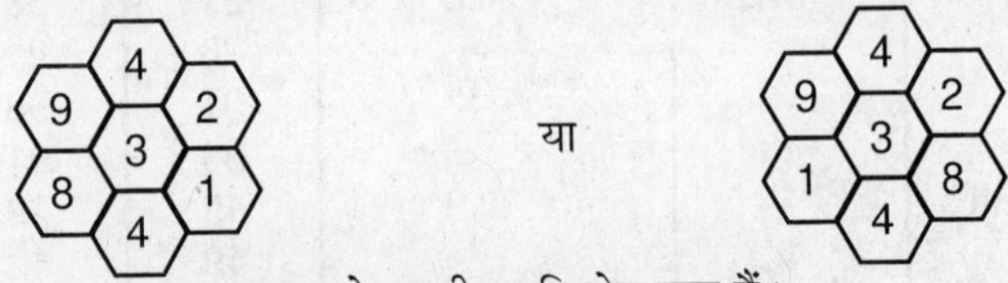

तथा इनके चक्रीय प्रतिलोम क्रम हैं।

120.

	a A = 1	b B = 6
c C = 2	D = 0	E = 0
d F = 9	G = 5	

रिक्त वर्गों में क्रमश: A, B, C, D, E, F, G लिखा।
प्रश्नानुसार

संभावना I	संभावना II	संभावना III	संभावना IV
A D G	A D G	A D G	A D G
+ A B	+ B E	+ C F	+ F G
C D E	C D E	C D E	C D E

स्थिति I में—मध्य स्तंभ से A = 0 या 9

परंतु दिया है a, b, c, d वाले वर्गों में 0 नहीं है।

∴ A = 9 तब यह स्थिति असंभव है, क्योंकि इस दशा में योग तीन अंकों से अधिक का होगा। अत: $A \neq 9$

स्थिति II में—मध्य स्तंभ से B = 0 या 9

परंतु b वर्ग में 0 नहीं होना चाहिए। अत: B = 9

इस स्थिति में तृतीय स्तंभ से G

$$\begin{array}{r} E \\ \hline E \end{array}$$

अत: G = 0.

इस स्तंभ के योग के बाद हासिल कुछ न मिलेगा। इस कारण से दूसरे स्तंभ में D

$$\begin{array}{r} 9 \\ \hline D \end{array}$$

जो कि संभव नहीं है। अत: $B \neq 9$

स्थिति III में—मध्य स्तंभ से C = 0 या 9

परंतु C वर्ग में 0 नहीं हो सकता। अत: C = 9

परंतु क्योंकि

$$\begin{array}{ccc} AB & & 99 \\ BF & & 99 \\ CF & & 99 \\ FG & & 99 \\ \hline CDE & & 396 \end{array}$$

अत: C का मान 3 से अधिक नहीं हो सकता। ∴ $C \neq 9$

स्थिति IV में—मध्य स्तंभ से $F = 0$ या 9

$$\begin{array}{r} A\,D\,G \\ F\,G \\ \hline C\,D\,E \end{array}$$

परंतु d वर्ग में 0 नहीं हो सकता। अत: $F = 9$
क्योंकि इकाई के अंक से 1 हासिल मिला
तथा दहाई अंक से 1 हासिल मिला

अत: $G \geq 5$ तथा $C = A + 1$

परंतु
$$\begin{array}{r} A\;B \\ B\;F \\ C\;F \\ \hline A\,D\,G \end{array}$$

अत: $A < 3 \Rightarrow A = 1, 2$

यदि $A = 2$ तो $C = 3$

इस हालत में
$$\begin{array}{r} A\,B \\ B\,E \\ C\,F \\ \hline A\,D\,G \end{array}$$

यहाँ सैकड़े के स्थान पर 1 ही होगा।

$\therefore A \neq 2$

अत: $A = 1, C = 2$ तथा $F = 9$ साथ ही $G \geq 5$

$$\begin{array}{r} A\,B \\ B\,E \\ C\,F \\ \hline F\,G \\ C\,D\,E \end{array}$$

$B + F + G$ के योग का इकाई का अंक 0 होगा।

$15 \leq B + F + G < 27$

अत: $B + F + G$ का दहाई का अंक 2 होगा।

$\therefore B + F + G = 20$

$\Rightarrow B + 9 + G = 20$

$\Rightarrow B + G = 11$

$\therefore G \geq 5$ तो $B \leq 6$

$\because A = 1, C = 2, F = 9$ तथा

$$\begin{array}{r} A\,B \\ B\,E \\ C\,F \\ F\,G \\ \hline C\,D\,E \end{array}$$

यहाँ सैकड़े के अंक के 2 होने के लिए आवश्यक है कि दहाई के स्थान पर A + B + C + F का योग कम-से-कम 18 होना चाहिए; क्योंकि इकाई के स्थान से 2 हासिल भी प्राप्त होंगे।

	a 1	b 6
c 2	0	0
d 9	5	

$\therefore \quad A + B + C + F \geq 18$

$\Rightarrow \quad 1 + B + 2 + 9 \geq 18$

$\Rightarrow \quad B \geq 6$

$\therefore \quad B \geq 6 \geq B$

अत: $B = 6$

$\because \quad B + G = 11$

$\therefore \quad 6 + G = 11$

$\Rightarrow \quad G = 5$

```
  A B
  B E
  C F
  F G
-------
C D E
```

C D E के दहाई के स्थान से A + B + C + F = 1 + 6 + 2 + 9 = 18

इसमें 2 हासिल के जोड़कर 20 बने।

अत: दहाई के स्थान के अंकों के योग के नीचे D = 0 होगा।

```
A D G        5
  F G        5
-------    ----
C D E        0
```

C D E के इकाई के स्थान पर 0 मिलेगा।

$\therefore E = 0$

```
  A B               1 6
  B E               6 0
  C F    अर्थात्      2 9
  F G               9 5
-------           -----
C D F              200
```

वर्ग-पहेली की पूर्ति इस प्रकार होगी—

A = 1, B = 6, C = 2, D = 0, E = 0, F = 9, G = 5

a स्तंभ में ऊपर से नीचे बसंती की उम्र छोड़ी गई है।

121. माना अलीगढ़ तथा आगरा के मध्य दूरी x किमी. है।

60 किमी./ घंटा की चाल से जाने में लगा समय $\frac{x}{60}$ घंटा।

40 किमी./ घंटा की चाल से वापस आने में लगा समय $\frac{x}{40}$ घंटा।

यात्रा का कुल समय $= \frac{x}{60} + \frac{x}{40}$ घंटा।

औसत चाल $= \frac{\text{दूरी}}{\text{समय}}$

$= \frac{x + x}{\frac{x}{60} + \frac{x}{40}} = \frac{2 \times 40 \times 60}{40 + 60}$ किमी./घंटा

= 48 किमी./घंटा

नोट—यदि जाने की चाल a किमी./घंटा तथा वापसी की चाल b किमी./घंटा होती तो औसत चाल इनका हरात्मक माध्य होगा।

122. B + L + O + C + K = 33 ---------------------- (1)

3B + O + K = 33 ------------------------------ (2)

L + O + 3K = 24 ------------------------------ (3)

O+L + 2C + K = 34 -------------------------- (4)

L + O + C + 2B = 37 ------------------------ (5)

2B + 2L + O = 35 --------------------------- (6)

L + 2O + 2C = 35 -------------------------- (7)

O + L + C + 2K = 29 ------------------------ (8)

C+2B + 2K = 33------------------------------ (9)

2K + 2B + O = 29 --------------------------- (10)

समी. (2) से समी. (10) घटाने पर

$B - K = 4$

$\Rightarrow B = K + 4$ ------------------------------------- (11)

B का मान समी. (1), (2), (6), तथा (9) में रखने पर निम्नलिखित स्वतंत्र समी. प्राप्त होते हैं—

$L + O + C + 2K = 29$ -------------------------- (12)

$4K + O = 21$ -- (13)

$2K + 2L + O = 27$------------------------------- (14)

$C + 4K = 25$ -- (15)

समी. (13) से $O = 21 - 4K$

समी. (4) में से समी. (3) घटाने पर

$C - K = 5 \Rightarrow C = K + 5$, समी. (15) में रखने पर

अत: $5 + 5K = 25$

$\therefore 5K = 20$

अत: $K = 4$,

$C = 9$,

$O = 5$,

$L = 7$,

तथा $B = 8$

उत्तर = B = 8, C = 9, K = 4, L = 7, O = 5

परीक्षण सारणी—

8	7	5	9	4	33
8	5	4	8	8	33
7	5	4	4	4	24
7	9	9	4	5	34
5	9	7	8	8	37
35	35	29	33	29	

123. $s = 1 + 28 + 496 + 8128 + 130816 + 2096128 + ... T_n$

$\_16s = \quad - 16 \pm 448 \pm 7936 \pm 130048 \pm 2093056 \pm .... T_{n-1} \pm T_n$

$_15s = 1 + (12 + 48 + 192 + 768 + 3072 + ...$n–1पदों तक$) - T_n$

$= 1 + 3.(4 + 16 + 64 + 256 + 1024 + ...$n-1पदों तक$) - T_n$

दिए गए अनुक्रम का पहला पद $T_1 = 1$

$T_n - 16\,T_{n-1} = 3 \times 4^{n-1}$

$\Rightarrow \quad T_n = 16\,T_{n-1} + 3 \times 4^{n-1},$

$T_2 = 16 \times 1 + 3 \times 4,$

$T_3 = 16 \times 28 + 3 \times 4^2$

$T_4 = 16 \times 496 + 3 \times 4^3$

$T_5 = 16 \times 8128 + 3 \times 4^4$

$T_6 = 16 \times 130816 + 3 \times 4^5$

$T_7 = 16 \times 2096128 + 3 \times 4^6$

$= 23550336$

उत्तर = 23550336

124. बिंदुवत् स्थानों से 4 तीली हटाने पर 4 त्रिभुज शेष रहेंगे।

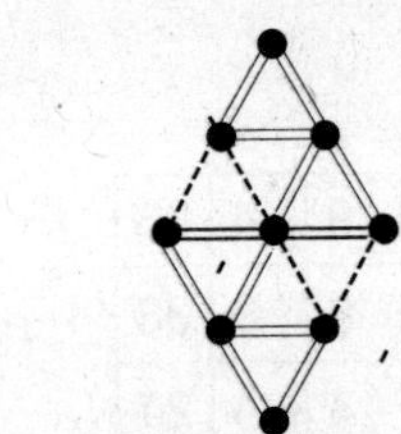

125.

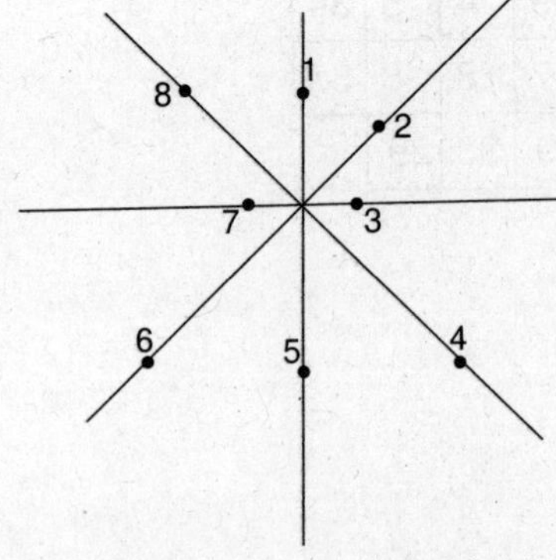

दिए हुए बिंदुओं से दो–दो बिंदुओं के जोड़े इस प्रकार बनाएँ कि उनको सरल रेखाओं द्वारा मिलाने पर वे रेखाएँ संगामी हों। अब इस प्रतिच्छेद बिंदु से जो बिंदु जिस किसी भी वृत्त की त्रिज्या के समान दूरी पर है, वह उस वृत्त पर ही स्थित होगा। दो बिंदुओं को जोड़नेवाली एक

रेखा को स्थिर मानकर शेष रेखाओं के झुकाव के आधार पर बिंदुओं की रेखाओं और वृत्तों पर स्थिति निर्धारित करेंगे।

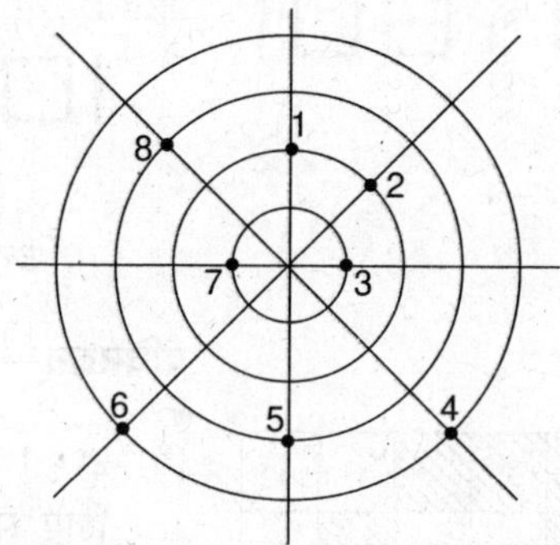

126. चार रेखाएँ इस प्रकार खींचीं कि कोई सी तीन रेखाएँ एक ही बिंदु पर न मिलें तथा प्रत्येक रेखा अधिकतम क्षेत्रों से होकर जाए। इस प्रकार 11 खंड मिलेंगे। n रेखाओं द्वारा अधिकतम $1 + \Sigma n = 1 + \frac{n.(n+1)}{2}$ खंड प्राप्त होते हैं। इस प्रश्न में $n = 4$ है, अत: 11 खंड होंगे।

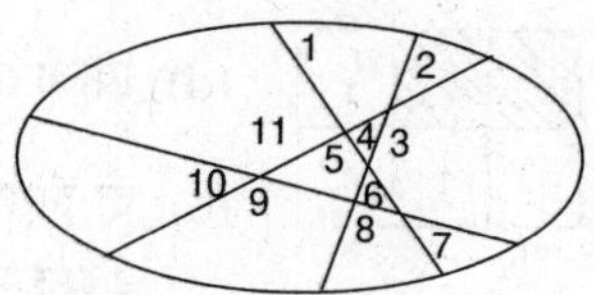

उत्तर = 11

127. प्रथम तथा तृतीय स्तंभों को उलट दें। पहले तथा चौथे स्तंभों की परस्पर अदला–बदली करें।

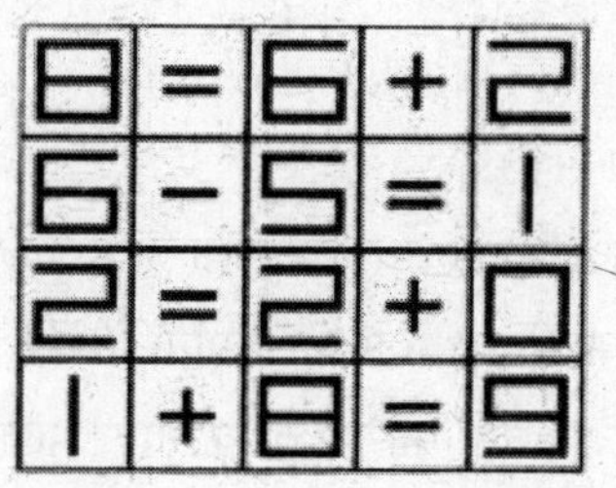

128.

उत्तर = 108 या 801

129.

		i 6	j 6				u 1	v 1
	s 4	3	2		c 7	p 5		4
a 1	2	5	7	m 7	8	7		0
h 1	0	3			d 6	5		3
2		e 1	l 2					1
3		b 8	9	k 8	n 4	q 2	r 3	
0		6		g 1	7	2	9	
3		5		f 2	3			w 1
		7		8		t 1	1	4

पंक्तिवत्—

(a) $2^n - 1$ के रूढ़ संख्या होने के लिए सबसे बड़ा ज्ञात n का मान— 1257787

(b) 100895598169 की भाजक एक रूढ़ संख्या—898423

(c) न्यूनतम सम्मान सहित उत्तीर्ण अंक प्रतिशत—75

(d) फिबोनी की संख्या—65

(e) दो लगातार संख्याओं 3 तथा 4 का गुणनफल—12

(f) दो लगातार अंकों 2 तथा 3 से बनी संख्या—23

(g) दो प्राकृतिक संख्याओं के घनों के योग के रूप में दो प्रकार से लिखी जानेवाली छोटी-से-छोटी संख्या—1729
$(1729=10^3+9^3=12^3+1^3)$

(h) जनित संख्या—103

(i) संख्या, जिसके इकाई तथा दहाई के अंक एक ही हैं—66

(s) पवित्र धार्मिक संख्या 108 का चौगुना—432

(t) 14031 के विभाजनों की संख्या का एक भाजक—114

(u) भिन्न रूप में निरूपित परिमेय संख्या 0.727272... का हर—11

स्तंभवत्—

(a) 1 + |112302 की भाजक रूढ़ संख्या—112303

(i) दो प्राकृतिक संख्याओं के चतुर्घातों के योग के रूप में दो प्रकार से लिखी जानेवाली छोटी-से-छोटी संख्या—635318657 = $133^4 + 134^4 = 59^4 + 158^4$

(j) 20 की विभाजन संख्या—627

(k) परिपूर्ण संख्या—8128

(c) धार्मिक संख्या—786

(l) रूढ़ संख्या—29

(m) स्वयंभू संख्या—7

(n) 11 से विभाज्य संख्या—473

(p) दो लगातार विषम संख्याओं 23 तथा 25 का गुणनफल—575

(q) संख्या, जिसके इकाई तथा दहाई के अंक एक ही रूढ़ संख्या 2 तथा 2 हैं—22

(r) दो रूढ़ संख्याओं 3 तथा 13 का गुणनफल, जिनके इकाई के अंक एक ही अर्थात् 3 तथा 3 हैं—39

(s) धोखेबाज—420

(v) वह संख्या जिसके विभाजनों की संख्या 127 अंकों की विभाज्य संख्या है—14031

(w) मनु, शक, इंद्र से निरूपित अंक—14

130.

	7 पा				9 सि		
1 भा	स्क	र			म्स		10 का
	ल		2 न्यू	ट	न		त्या
6 चु							य
5 के	ली		8 बो		3 वि	ल्स	न
			धा				
	4 ना	रा	य	ण	पं	डि	त
			न				

पंक्तिवत्—

1. लीलावती के रचयिता—भास्कर
2. 'प्रिंसीपिया' के रचनाकार—न्यूटन
3. गणितज्ञ, जिसे एक ही प्रमेय ने प्रसिद्ध कर दिया—विल्सन
4. 'गणित कौमुदी' के रचयिता—नारायण पंडित
5. जिसने गवेषणा कार्य उस समय किए जब वह वकालत करते थे—केली

स्तंभवत्—

6. मिलियन, बिलियन आदि का प्रयोग सर्वप्रथम जिसने किया—चुके
7. गणितज्ञ, जिसका नाम एक त्रिभुज से जुड़ा है—पास्कल
8. दिए शुल्व सूत्र के रचनाकार—बोधायन
9. सिम्सन रेखा गणितज्ञ 'सिम्सन' के नाम से प्रसिद्ध है।
10. प्रसिद्ध शुल्वकार—कात्यायन

□

परिशिष्ट-1

अध्याय-4 के प्रश्नों में प्रयुक्त कतिपय सूत्रों की स्थापना

प्रश्न 10. का सूत्र—

चार कमरों का प्रकरण :

माना समानता की स्थिति में प्रत्येक कमरे में x बराती हैं।

चरणानुसार प्रत्येक कमरे में बरातियों की संख्या

क. सं. / चरण	1	2	3	4
V	X	X	X	X
IV	$\frac{X}{2}$	$\frac{X}{2}$	$\frac{X}{2}$	$\frac{5X}{2}$
III	$\frac{X}{4}$	$\frac{X}{4}$	$\frac{9X}{4}$	$\frac{5X}{4}$
II	$\frac{X}{8}$	$\frac{17X}{8}$	$\frac{9X}{8}$	$\frac{5X}{8}$
I	$\frac{33X}{16}$	$\frac{17X}{16}$	$\frac{9X}{16}$	$\frac{5X}{16}$

प्रारंभिक स्थिति में प्रत्येक कमरे में बरातियों की संख्या का अनुपात 35:17:9:5

प्रारंभिक स्थिति में प्रत्येक कमरे में बरातियों की न्यूनतम संख्या क्रमशः

33, 17, 9, 5

अर्थात् $4 \times 8 + 1$, $4 \times 4 + 1$, $4 \times 2 + 1$, $4 \times 1 + 1$

पाँच कमरों का प्रकरण :

माना समानता की स्थिति में प्रत्येक कमरे में x बराती हैं।

चरणानुसार प्रत्येक कमरे में बरातियों की संख्या

क्र.सं. / चरण	1	2	3	4	5
VI	X	X	X	X	X
V	$\frac{X}{2}$	$\frac{X}{2}$	$\frac{X}{2}$	$\frac{X}{2}$	3X
IV	$\frac{X}{4}$	$\frac{X}{4}$	$\frac{X}{4}$	$\frac{11X}{4}$	$\frac{3X}{2}$
III	$\frac{X}{8}$	$\frac{X}{8}$	$\frac{21X}{8}$	$\frac{11X}{8}$	$\frac{3X}{4}$
II	$\frac{X}{16}$	$\frac{41X}{16}$	$\frac{21X}{16}$	$\frac{11X}{16}$	$\frac{3X}{8}$
I	$\frac{81X}{32}$	$\frac{41X}{32}$	$\frac{21X}{32}$	$\frac{11X}{32}$	$\frac{3X}{16}$

प्रारंभिक स्थिति में प्रत्येक कमरे में बरातियों की संख्या का अनुपात

81:41:21:11:6

प्रारंभिक स्थिति में प्रत्येक कमरे में बरातियों की न्यूनतम संख्या क्रमश:

81, 41, 21, 11, 6

अर्थात् $5 \times 16 + 1$, $5 \times 8 + 1$, $5 \times 4 + 1$, $5 \times 2 + 1$, $5 \times 1 + 1$,

n कमरों का प्रकरण :

उपर्युक्त उदाहरणों से हमें स्पष्ट होता है कि n कमरों के प्रकरण में प्रत्येक कमरे में बरातियों की संख्या क्रमश:

$n \times 2^{n-1} + 1, n \times 2^{n-2} + 1, n \times 2^{n-3} + 1 ...... n \times 2^2+1, n \times 2 + 1, n+1$ होगी। आओ, देखते हैं—

चरणानुसार प्रत्येक कमरे में बरातियों की संख्या

क. सं. \ चरण	n+1वाँ	nवाँ	n–1वाँ		पहला
1	x	$\frac{x}{2}$	$\frac{x}{4}$	------------	$\frac{2^{n-1}\ n+1}{2^n}x$
2	x	$\frac{x}{2}$	$\frac{x}{4}$	------------	$\frac{2^{n-2}\ n+1}{2^n}x$
3	x	$\frac{x}{2}$	$\frac{x}{4}$	------------	$\frac{2^{n-3}\ n+1}{2^2}x$
4	x	$\frac{x}{2}$	$\frac{x}{4}$	------------	$\frac{2^{n-4}\ n+1}{2^n}x$
5	x	$\frac{x}{2}$	$\frac{x}{4}$	------------	$\frac{2^{n-5}\ n+1}{2^n}x$
---------	---------	------------	------------	------------	----------------
---------	---------	------------	------------	------------	----------------
---------	---------	------------	------------	------------	----------------
n-3	x	$\frac{x}{2}$	$\frac{x}{4}$	------------	$\frac{8n+1}{2^n}x$
n-2	x	$\frac{x}{2}$	$\frac{x}{4}$	------------	$\frac{4n+1}{2^n}x$
n-1	x	$\frac{x}{2}$	$\frac{2n+1}{4}x$	------------	$\frac{2n+1}{2^n}x$
n	x	$\frac{n+1}{2}x$	$\frac{n+1}{4}x$	------------	$\frac{n+1}{2^n}x$

प्रारंभिक स्थिति में प्रत्येक कमरे में बरातियों की संख्या का अनुपात

$n2^{n-1} + 1 : n2^{n-2} + 1 : n2^{n-3} + 1 :$............$8n + 1 : 4n + 1 : 2n + 1 : n + 1$

प्रारंभिक स्थिति में प्रत्येक कमरे में बरातियों की न्यूनतम संख्या का क्रमशः

$n2^{n-1} + 1, n2^{n-2} + 1, n2^{n-3} + 1,$.............$8n + 1, 4n + 1, 2n + 1, n + 1$

प्रश्न 11 का सूत्र—

चार मेहमानों का प्रकरण :

माना प्रत्येक मेहमान द्वारा खाई गई पूड़ियों की संख्या = 2x

मेहमान क्रमांक	थाली में शेष बची पूड़ियाँ	थाली में रखी पूड़ियाँ
चौथा मेहमान	o	2x
तीसरा मेहमान	x	3x
दूसरा मेहमान	$\frac{3x}{2}$	$\frac{7x}{2}$
पहला मेहमान	$\frac{7x}{4}$	$\frac{15x}{4} = \frac{2^4 - 1}{4} x$

पूड़ियों की संख्या पूर्णांक में होने के लिए x = 4

प्रत्येक मेहमान द्वारा खाई गई पूड़ियाँ = $8 = 2^{4-1}$

पहले मेहमान की थाली में = $15 = 2^4 - 1$

पूड़ियों की कुल संख्या = $32 = 4.2^{4-1}$

पाँच मेहमानों का प्रकरण :

माना प्रत्येक मेहमान द्वारा खाई गई पूड़ियों की संख्या = 2x

मेहमान क्रमांक	थाली में शेष बची पूड़ियाँ	थाली में रखी पूड़ियाँ
पाँचवाँ मेहमान	o	2x
चौथा मेहमान	x	3x
तीसरा मेहमान	$\frac{3x}{2}$	$\frac{7x}{2}$
दूसरा मेहमान	$\frac{7x}{4}$	$\frac{15x}{4}$
पहला मेहमान	$\frac{15x}{8}$	$\frac{31x}{8} = \frac{2^5 - 1}{8} x$

पूड़ियों की संख्या पूर्णांकों में होने के लिए $x = 8$
प्रत्येक मेहमान द्वारा खाई गई पूड़ियाँ $= 16 = 2^{5-1}$
पहले मेहमान की थाली में रखी पूड़ियाँ $= 2^5-1$
पूड़ियों की कुल संख्या $= 5.2^{5-1}$

n मेहमानों का प्रकरण :

माना प्रत्येक मेहमान द्वारा खाई गई पूड़ियों की संख्या = 2x

मेहमान क्रमांक	थाली में शेष बची पूड़ियाँ	थाली में रखी पूड़ियाँ
nवाँ मेहमान	o	2x
n-1वाँ मेहमान	x	x + 2x
n-2वाँ मेहमान	$\frac{x+2x}{2}$	$\frac{x+2x+4x}{2}$
n-3वाँ मेहमान	$\frac{x+2x+4x}{4}$	$\frac{x+2x+4x+8x}{4}$
-----------	--------------------	--------------------
-----------	--------------------	--------------------
तीसरा मेहमान	$\frac{x+2x+4x+..........2^{n-4}x}{2^{n-4}}$	$\frac{x+2x+4x+...............2^{n-3}x}{2^{n-4}}$
दूसरा मेहमान	$\frac{x+2x+4x+...........2^{n-3}x}{2^{n-3}}$	$\frac{x+2x+4x+...............2^{n-2}x}{2^{n-3}}$
पहला मेहमान	$\frac{x+2x+4x+...........2^{n-2}x}{2^{n-2}}$	$\frac{x+2x+4x+...............2^{n-1}x}{2^{n-2}}$

पूड़ियों की संख्या पूर्णांक में होने के लिए $x = 2^{n-2}$
अतः प्रत्येक मेहमान द्वारा खाई गई पूड़ियाँ $= 2x = 2^{n-1}$
पहले मेहमान की थाली में रखी पूड़ियों की संख्या $= 1 + 2 + 4+.......2^{n-1}$
$= 2^n-1$
पूड़ियों की कुल संख्या $= n.2x = n.2^{n-1}$

प्रश्न 12 एवं 13 का सूत्र—

तीन व्यक्तियों का प्रकरण :

माना कुल x लड्डू थे

अलग से प्रति व्यक्ति	खाए लड्डू	शेष छोड़े गए लड्डू
पहले व्यक्ति द्वारा	$\frac{x-1}{3}+1$	$\frac{2}{3}(x-1)$
दूसरे व्यक्ति द्वारा	$\frac{\frac{2}{3}(x-1)-1}{3}+1$	$\frac{2}{3}\left\{\frac{2}{3}(x-1)-1\right\}$
तीसरे व्यक्ति द्वारा	$\frac{\frac{2}{3}\left\{\frac{2}{3}(x-1)-1\right\}-1}{3}+1$	$\frac{2}{3}\left[\frac{2}{3}\left\{\frac{2}{3}(x-1)-1\right\}-1\right]$

तीसरे व्यक्ति द्वारा शेष छोड़े गए लड्डू $\left(\frac{2}{3}\right)^3 x-\left(\frac{2}{3}\right)^3-\left(\frac{2}{3}\right)^2-\left(\frac{2}{3}\right)=3k+1$

$$\Rightarrow \quad \left(\frac{2}{3}\right)^3 x-\frac{1-\left(\frac{2}{3}\right)^4}{1-\frac{2}{3}}+1=3k+1$$

$$\Rightarrow \quad \left(\frac{2}{3}\right)^3 x=3k+3-3.\left(\frac{2}{3}\right)^4$$

$$\Rightarrow \quad x=\left(\frac{3}{2}\right)^3 \times 3(k+1)-2$$

$$\Rightarrow \quad x=3^4 \times \frac{(k+1)}{2^3}-2$$

$$\Rightarrow \quad x=3^4 p-2,\ \text{जहाँ}\ p=\frac{(k+1)}{2^3}$$

x न्यूनतम = $3^4-(3-1)$

चार व्यक्तियों का प्रकरण :

माना कुल रेवड़ियों की संख्या = x

अलग से हर बच्चे द्वारा	खाई गई रेवड़ियाँ	शेष छोड़ी गई रेवड़ियाँ
पहले द्वारा	$\frac{x-1}{4}+1$	$\frac{3}{4}(x-1)$
दूसरे द्वारा	$\frac{\frac{3}{4}(x-1)-1}{4}+1$	$\frac{3}{4}\left\{\frac{3}{4}(x-1)-1\right\}$
तीसरे द्वारा	$\frac{1}{4}\left[\frac{3}{4}\left\{\frac{3}{4}(x-1)-1\right\}-1\right]+1$	$\frac{3}{4}\left[\frac{3}{4}\left\{\frac{3}{4}(x-1)-1\right\}-1\right]$
चौथे द्वारा	$\frac{1}{4}\left[\frac{3}{4}\left\{\frac{3}{4}\left(\frac{3}{4}\overline{x-1}-1\right)-1\right\}-1\right]+1$	$\frac{3}{4}\left[\frac{3}{4}\left\{\frac{3}{4}\left(\frac{3}{4}\overline{x-1}-1\right)-1\right\}-1\right]$

आखिरी बच्चे द्वारा शेष छोड़ी गई रेवड़ियाँ = $\frac{3}{4}\left[\frac{3}{4}\left\{\frac{3}{4}\left(\frac{3}{4}\overline{x-1}-1\right)-1\right\}-1\right]$

$$\therefore \quad \left(\frac{3}{4}\right)^4 x-\left(\frac{3}{4}\right)^4-\left(\frac{3}{4}\right)^3-\left(\frac{3}{4}\right)^2-\left(\frac{3}{4}\right)=4k+1$$

$$\Rightarrow \quad \left(\frac{3}{4}\right)^4 x = 4k+1+\left(\frac{3}{4}\right)+\left(\frac{3}{4}\right)^2+\left(\frac{3}{4}\right)^3+\left(\frac{3}{4}\right)^4$$

$$\Rightarrow \quad \left(\frac{3}{4}\right)^4 x = 4k+\left\{\frac{1-\left(\frac{3}{4}\right)^5}{1-\frac{3}{4}}\right\}$$

$$\Rightarrow \quad \left(\frac{3}{4}\right)^4 x = 4k+4-4\left(\frac{3}{4}\right)^5$$

$$\Rightarrow \quad x = 4\left(\frac{4}{3}\right)^4 (K+1)-3$$

$$\Rightarrow \quad x = 4^5\left(\frac{k+1}{3^4}\right) - 3$$

$$\Rightarrow \quad x = 4^5 p - 3 \text{ जहाँ } p = \frac{K+1}{3^4}$$

x न्यूनतम = $4^5 - (4-1)$

n व्यक्तियों का प्रकरण :

n व्यक्तियों के प्रकरण में अलग से अंतिम व्यक्ति द्वारा ग्रहण करने के बाद शेष छोड़ी गई वस्तुओं की संख्या = $\left(\frac{n-1}{n}\right)^n x - (n-1) + n\left(\frac{n-1}{n}\right)^{n+1} = nk+1$

$$\Rightarrow \left(\frac{n-1}{n}\right)^n x = nk + n - n\left(\frac{n-1}{n}\right)^{n+1}$$

$$\Rightarrow x = \frac{n^{n+1}(k+1)}{(n-1)^n} - (n-1)$$

$$\Rightarrow n^{n+1}p - (n-1) \text{ जहाँ } p = \frac{K+1}{(n-1)^n}$$

अतः x न्यूनतम = $n^{n+1} - (n-1)$

प्रश्न 14 का सूत्र—

n व्यक्तियों के प्रकरण में अंतिम व्यक्ति द्वारा ग्रहण की गई वस्तुओं के बाद शेष छोड़ी गई कुल वस्तुओं की संख्या

$$= \left(\frac{n-1}{n}\right)^n x - (n-1) + n\left(\frac{n-1}{n}\right)^{n+1} = nk$$

$$\Rightarrow x\left(\frac{n-1}{n}\right)^n = nk + (n-1) - n\left(\frac{n-1}{n}\right)^{n+1}$$

$$\Rightarrow x = (nk + n - 1)\left(\frac{n}{n-1}\right)^n - (n-1)$$

$$\Rightarrow x = \frac{n^n(nk+n-1)}{(n-1)^n} - (n-1)$$

$$\Rightarrow x = n^n p-(n-1) \text{ जहाँ कि } p = \frac{nk+n-1}{(n-1)^n}$$

अत: x न्यूनतम = $n^n-(n-1)$

प्रश्न 15 का सूत्र—

n चोरों का प्रकरण :

माना चोरी के x रु. थे।

पहले चोर द्वारा निकाले गए रु. $= \frac{x}{n}$

पहले चोर द्वारा जमीन में गाड़े गए रु. = $\left(\frac{n-1}{n}\right)x$

दूसरे चोर द्वारा निकाले गए रु. $= \frac{n-1}{n^2}x$

दूसरे चोर द्वारा जमीन में गाड़े गए रु. = $\left(\frac{n-1}{n}\right)^2 x$

तीसरे चोर द्वारा निकाले गए रु. $= \frac{1}{n}\left(\frac{n-1}{n}\right)^2 x$

तीसरे चोर द्वारा जमीन में गाड़े गए रु. = $\left(\frac{n-1}{n}\right)^3 x$

चौथे चोर द्वारा निकाले गए रु. $= \frac{1}{n}\left(\frac{n-1}{n}\right)^3 x$

चौथे चोर द्वारा जमीन में गाड़े गए रु. = $\left(\frac{n-1}{n}\right)^4 x$

इसी क्रम में आगे बढ़ने पर

n वें चोर द्वारा निकाले गए रु. $= \frac{1}{n}\left(\frac{n-1}{n}\right)^{n-1} x$

n वें चोर द्वारा जमीन में गाड़े गए रु. $= \left(\frac{n-1}{n}\right)^{n} x$

अंत में समान भाग करने पर प्रत्येक को मिले रुपए

$$= \frac{1}{n}\left(\frac{n-1}{n}\right)^{n} x = \frac{(n-1)^n}{n^{n+1}}.x$$

रुपए पूर्णांक में होने के लिए $x = n^{n+1}$

प्रश्न 16 का सूत्र—

माना अंतिम से पूर्व लड़के द्वारा खाने के उपरांत शेष आम x

अंतिम लड़के द्वारा खाया गया आम = 1 (क्योंकि आधे आम खाने के बाद शेष आधे आम)

अंतिम लड़के के खाने से पूर्व शेष आम = 1

अत: अंतिम से पूर्व पहले लड़के द्वारा खाए आम = 2

अंतिम से पूर्व पहले लड़के द्वारा खाने के पूर्व शेष बचे आम = 2 + 1 = 3

अंतिम से पूर्व दूसरे लड़के द्वारा खाए आम = 4

अंतिम से पूर्व दूसरे लड़के द्वारा खाने के पूर्व शेष बचे आम = 4 + 3 = 7

अंतिम से पूर्व तीसरे लड़के द्वारा खाए आम = 8

अंतिम से पूर्व तीसरे लड़के द्वारा खाने के पूर्व शेष बचे आम = 8 + 7 = 15

इसी प्रकार आगे बढ़ते रहें ।

अत: कुल आमों की संख्या = 1+2+4+8+......n पदों तक

$= 2^n - 1$

प्रश्न 17 का सूत्र—

अंत में शेष भैंस = 1

अंतिम लड़के के बाँट में आई भैंसें = 2

अंतिम से पूर्व पहले लड़के के बाँट के उपरांत शेष बची भैंसें = 3

अंतिम से पूर्व पहले लड़के के बाँट आई भैंसें = 4

अंतिम से पूर्व दूसरे लड़के के बाँट के उपरांत शेष बची भैंसें = 4 + 3 = 7

अंतिम से पूर्व दूसरे लड़के के बाँट में आई भैंसें = 8

अंतिम से पूर्व तीसरे लड़के के बाँट के उपरांत शेष बची भैंसें = 8 + 7 = 15

अंतिम से पूर्व तीसरे लड़के के बाँट आई भैंसें =16

इसी प्रकार उलटे क्रम में आगे बढ़ते रहें।

अतः कुल भैंसों की संख्या = 1+(2+4+8+16+...n पदों तक)

$= 2^{n+1} - 1$

प्रश्न 18 का सूत्र—

माना प्रत्येक मेहमान ने x लड्डू खाए

तथा पहले मेहमान की थाली में परोसे लड्डुओं की संख्या = y

भोजन के समय प्रत्येक मेहमान की थाली के लड्डुओं की स्थिति

मेहमान क्रमांक	खाने से पूर्व थाली में लड्डुओं की संख्या	खाने के बाद थाली में शेष लड्डू
पहला	y	y – x
दूसरा	2y – 2x	2y – 3x
तीसरा	6y – 9x	6y – 10x
चौथा	24y – 40x	24y – 41x
पाँचवाँ	120y – 205x	120y – 206x
....	....	....
....	....	....
....	....	....
nवाँ	$T_n + x$	T_n

$T_n = n\,T_{n-1} - x$

$\Rightarrow x = n\,T_{n-1} - T_n$

$x = 2\,T_1 - T_2$,..............................(1)

$x = 3\,T_2 - T_3$,..............................(2)

$x = 4\,T_3 - T_4$,..............................(3)

$x = 5\,T_4 - T_5$,..............................(4)

....

....

....

$x = n\,T_{n-1} - T_n$.......................(n–1)

समीकरण (1) को 3 से गुणा करके समीकरण संख्या (2) के साथ जोड़ने पर

$$3x + x = 3.2\ T_1 - T_3$$

पुनः इस समीकरण में 4 से गुणा करके समीकरण संख्या (3) के साथ जोड़ने पर

$$(4.3 + 4 + 1)x = 4.3.2\ T_1 - T_4$$

पुनः इस समीकरण में 5 से गुणा करके समीकरण संख्या (4) के साथ जोड़ने पर

$$(5.4.3 + 5.4 + 5 + 1)x = 5.4.3.2\ T_1 - T_5$$

पुनः इस समीकरण में 6 से गुणा करके समीकरण संख्या (5) के साथ जोड़ने पर

$$(6.5.4.3 + 6.5.4 + 6.5 + 6 + 1)x = 6.5.4.3.2\ T_1 - T_6$$

इसी प्रकार क्रमशः n से गुणा करके समीकरण संख्या (n–1) में जोड़ने पर

$[n\ (n-1)(n-2) \ldots\ldots\ldots\ldots 3 + n\ (n-1)(n-2) \ldots\ldots\ldots\ldots 4 + n(n-1)(n-2) \ldots\ldots\ldots 5 + \ldots\ldots\ldots + n\ (n-1)(n-2) + n\ (n-1) + n + 1]\ x = n\ (n-1)(n-2) \ldots\ldots 3.2 T_1 - T_n$

$$\Rightarrow\ x[{}^np_{n-2} + {}^np_{n-3} + {}^np_{n-4} + \ldots\ldots\ldots\ {}^np_1 + {}^np_0] = {}^np_{n-1}\ (y-x) - 0$$

$$\Rightarrow\ x[{}^np_{n-1} + {}^np_{n-2} + {}^np_{n-3} + {}^np_{n-4} + \ldots\ldots\ldots\ {}^np_1 + {}^np_0] = {}^np_{n-1}y$$

$$\Rightarrow\ \frac{y}{x} = \frac{{}^np_{n-1} + {}^np_{n-2} + {}^np_{n-3} + \ldots\ldots {}^np_1 + {}^np_0}{{}^np_{n-1}}$$

$$\Rightarrow\ \frac{y}{x} = \frac{{}^np_{n-1} + {}^np_{n-2} + {}^np_{n-3} + \ldots\ldots {}^np_1 + {}^np_0}{{}^np_n}$$

प्रश्न 21 का सूत्र—

n ससुरालों का प्रकरण :

माना पहला लड़का x रु. लेकर चला तथा प्रत्येक नौकर को y रु. दिए।

ससुराल क्रमांक	लड़के के जेब में रुपए	जाते समय नौकर को देकर सास पर रखे रुपए	सास से प्राप्त रुपए	वापसी में नौकर को देकर बचे रुपए
1	x	$x - y$	$2x - 2y$	$2x - 3y$
2	$2x - 3y$	$2x - 4y$	$2^2(x - 2y)$	$2^2(x - 2y) - y$
3	$2^2(x-2y) - y$	$2^2(x-2y) - 2y$	$2^3(x-2y) - 2^2y$	$2^3(x-2y) - 2^2y - y$
4	$2^3(x-2y) - 2^2y - y$	$2^3(x-2y) - 2^2y - 2y$	$2^4(x-2y) - 2^3y - 2^2y$	$2^4(x-2y) - 2^3y - 2^2y - y$
....	....	....	....	....
....	....	....	....	....
n	$2^{n-1}(x-2y) - (2^{n-2}y \ldots + 2^2y + y)$	$2^{n-1}(x-2y) - (2^{n-2}y \ldots + 2^2y + 2y)$	$2^{n-1}(x-2y) - (2^{n-1}y \ldots + 2^3y + 2^2y)$	$2^n(x-2y) - (2^{n-1}y + \ldots\ 2^2y + y)$

nवीं ससुराल से लौटने के बाद पहले लड़के पर रुपयों की संख्या

$2^n(x-2y)-(y+2^2y+2^3y+2^4y+............2^{n-1}y) = 0$

$\Rightarrow\ 2^nx - 2^{n+1}y - y - 2^2(2^{n-2}-1)y = 0$

$\Rightarrow\ 2^nx - 2^{n+1}y - y - 2^ny + 2^2y = 0$

$\Rightarrow\ 2^nx = (2^{n+1}+2^n - 2^2 + 1)y$

अत: $x = 2^{n+1}+2^n - 2^2 + 1$

तथा $y = 2^n$

दूसरा लड़का भी x रु. लेकर चला तथा प्रत्येक नौकर को z रु. देता है।

nवीं ससुराल से लौटने के बाद दूसरे लड़के पर रुपयों की संख्या

$2^n(x-2z)-(z+2^2z+2^3z+2^4z+........2^{n-1}z) = 2x$

$\Rightarrow\ (2^n-2)x = z(1+2^2+2^3+2^4+......2^{n-1})+2^{n+1}z$

$\Rightarrow\ (2^n-2)x = z+2^2(2^{n-2}-1)z+2^{n+1}z$

$\Rightarrow\ (2^n-2)x = 2^{n+1}z+2^nz-2^2z+z$

$\Rightarrow\ (2^n-2)x = (2^{n+1}+2^n-2^2+1)z$

अत: $x = 2^{n+1}+2^n-2^2+1$

तथा $z = 2^n-2$

प्रश्न 22 का सूत्र—

n बुर्जों का प्रकरण :

चरणानुसार प्रत्येक बुर्ज पर सैनिकों की संख्या

चरण \ बुर्ज	1	2	3	-------	n
0	x_1	x_2	x_3	-------	x_n
1	nx_1	x_2-x_1	x_3-x_1	-------	x_n-x_1
2	$(n+1)x_1-x_2$	$n(x_2-x_1)$	x_3-x_2	-------	x_n-x_2
3	$(n+1)x_1-x_3$	$(n+1)x_2-nx_1-x_3$	$n(x_3-x_2)$	-------	x_n-x_3
---------	---------		-----------	-------	-------------
n	---------	----------	-----------	-------	$n(x_n-x_{n-1})$

$nx_1 = n(x_2 - x_1) = n(x_3 - x_2) = ... = n(x_n - x_{n-1})$

$\Rightarrow\ x_1 = x_2 - x_1 = x_3 - x_2 = ... = n(x_n - x_{n-1})$

$\Rightarrow\ x_2 = 2x_1, x_3 = 2x_2 - x_1, x_4 = 2x_3 - x_2, ..., x_n = 2x_{n-1} - x_{n-2}$

$\Rightarrow\ x_2 = 2x_1, x_3 = 3x_1, x_4 = 4x_1, ...x_n = nx_1$

$\Rightarrow\ \frac{x_1}{1} = \frac{x_2}{2} = \frac{x_3}{3} = \frac{x_4}{4} = ... \frac{x_n}{n}$

प्रश्न 23 का सूत्र

चरणानुसार बुर्जों पर सैनिकों की संख्या

चरण / क्र.स.	नवाँ	n–1वाँ	n–2वाँ	----	पहला
नवाँ	x	x	x	------	x
n–1वाँ	$\frac{x}{n}$	$\left(1+\frac{1}{n}\right)x$	$\left(1+\frac{1}{n}\right)x$	------	$\left(1+\frac{1}{n}\right)x$
n–2वाँ	$\frac{x}{n}\sum_{i=0}^{1}\left(1+\frac{1}{n}\right)^{i}$	$\frac{x}{n}\left(1+\frac{1}{n}\right)$	$\left(1+\frac{1}{n}\right)^{2}x$	------	$\left(1+\frac{1}{n}\right)^{2}x$
n–3वाँ	$\frac{x}{n}\sum_{i=0}^{2}\left(1+\frac{1}{n}\right)^{i}$	$\frac{x}{n}\sum_{i=0}^{1}\left(1+\frac{1}{n}\right)^{i+1}$	$\left(1+\frac{1}{n}\right)^{2}\frac{x}{n}$	------	$\left(1+\frac{1}{n}\right)^{3}x$
-------	---------	---------	---------	------	---------
तीसरा	$\frac{x}{n}\sum_{i=0}^{n-4}\left(1+\frac{1}{n}\right)^{i}$	$\frac{x}{n}\sum_{i=0}^{n-5}\left(1+\frac{1}{n}\right)^{i+1}$	$\frac{x}{n}\sum_{i=0}^{n-6}\left(1+\frac{1}{n}\right)^{i+2}$	------	$\left(1+\frac{1}{n}\right)^{n-3}x$
दूसरा	$\frac{x}{n}\sum_{i=0}^{n-3}\left(1+\frac{1}{n}\right)^{i}$	$\frac{x}{n}\sum_{i=0}^{n-4}\left(1+\frac{1}{n}\right)^{i+1}$	$\frac{x}{n}\sum_{i=0}^{n-5}\left(1+\frac{1}{n}\right)^{i+2}$	------	$\left(1+\frac{1}{n}\right)^{n-2}x$
पहला	$\frac{x}{n}\sum_{i=0}^{n-2}\left(1+\frac{1}{n}\right)^{i}$	$\frac{x}{n}\sum_{i=0}^{n-3}\left(1+\frac{1}{n}\right)^{i+1}$	$\frac{x}{n}\sum_{i=0}^{n-4}\left(1+\frac{1}{n}\right)^{i+2}$	------	$\left(1+\frac{1}{n}\right)^{n-1}x$
आरंभ	$\frac{x}{n}\sum_{i=0}^{n-1}\left(1+\frac{1}{n}\right)^{i}$	$\frac{x}{n}\sum_{i=0}^{n-2}\left(1+\frac{1}{n}\right)^{i+1}$	$\frac{x}{n}\sum_{i=0}^{n-3}\left(1+\frac{1}{n}\right)^{i+2}$	------	$\left(1+\frac{1}{n}\right)^{n-1}\frac{x}{n}$

आरंभ में बुर्जों पर सैनिकों संख्या क्रमशः $x\left\{\left(1+\frac{1}{n}\right)^{n}-1\right\}$,

$$x\left(1+\frac{1}{n}\right)\left\{\left(1+\frac{1}{n}\right)^{n-1}-1\right\},\ x\left(1+\frac{1}{n}\right)^{2}\left\{\left(1+\frac{1}{n}\right)^{n-2}-1\right\},\ldots\ldots\ldots\ldots$$

$$\left(1+\frac{1}{n}\right)^{n-1}\frac{x}{n}$$

सैनिकों की संख्या पूर्णांक होने के लिए $x = n^{n}$

आरंभ में बुर्जों पर सैनिकों संख्या क्रमशः $(1+n)^{n}-n^{n}$, $(1+n)^{n}-n^{n-1}(1+n)$, $(1+n)^{n}-n^{n-2}(1+n)^{2}$,............$(1+n)^{n}-n(1+n)^{n-1}$

□

परिशिष्ट-2

रोचक तथ्य

1. घनों का लगातार विषम संख्याओं के योग के रूप में प्रदर्शन—

$1^3 = 1$

$2^3 = 3 + 5$

$3^3 = 7 + 9 + 11$

$4^3 = 13 + 15 + 17 + 19$

$5^3 = 21 + 23 + 25 + 27 + 29$

$6^3 = 31 + 33 + 35 + 37 + 39 + 41$

$7^3 = 43 + 45 + 45 + 47 + 49 + 51 + 53 + 55$

$8^3 = 57 + 59 + 61 + 63 + 65 + 67 + 69 + 71$

$9^3 = 73 + 75 + 77 + 79 + 81 + 83 + 85 + 87 + 89$

$n^3 = \{n(n-1) + 1\} + \{n(n-1)+3\} + \{n(n-1)+5\} + \ldots\ldots\ldots\ldots n$ पद

2. वर्ग का घनों के योग के रूप में प्रदर्शन—

$1^2 = 1^3$

$3^2 = 1^3 + 2^3$

$6^2 = 1^3 + 2^3 + 3^3$

$10^2 = 1^3 + 2^3 + 3^3 + 4^3$

$15^2 = 1^3 + 2^3 + 3^3 + 4^3 + 5^3$

$21^2 = 1^3 + 2^3 + 3^3 + 4^3 + 5^3 + 6^3$

$$\left(\frac{n(n+1)}{2}\right)^2 = 1^3 + 2^3 + 3^3 + 4^3 + \ldots\ldots\ldots\ldots\ldots\ldots n^3$$

3. Lusus Numerorum—

$$0 \times 9 + 1 = 1$$
$$1 \times 9 + 2 = 11$$
$$12 \times 9 + 3 = 111$$
$$123 \times 9 + 4 = 1111$$
$$1234 \times 9 + 5 = 11111$$
$$12345 \times 9 + 6 = 111111$$
$$123456 \times 9 + 7 = 1111111$$
$$1234567 \times 9 + 8 = 11111111$$
$$12345678 \times 9 + 9 = 111111111$$
$$123456789 \times 9 + 10 = 1111111111$$

$$1 \times 8 + 1 = 9$$
$$12 \times 8 + 2 = 98$$
$$123 \times 8 + 3 = 987$$
$$1234 \times 8 + 4 = 9876$$
$$12345 \times 8 + 5 = 98765$$
$$123456 \times 8 + 6 = 987654$$
$$1234567 \times 8 + 7 = 9876543$$
$$12345678 \times 8 + 8 = 98765432$$
$$123456789 \times 8 + 9 = 987654321$$

4. वर्ग-पिरामिड—

$$1 \times 1 = 1$$
$$11 \times 11 = 121$$
$$111 \times 111 = 12321$$
$$1111 \times 1111 = 1234321$$
$$11111 \times 11111 = 123454321$$
$$111111 \times 111111 = 12345654321$$
$$1111111 \times 1111111 = 1234567654321$$
$$11111111 \times 11111111 = 123456787654321$$
$$111111111 \times 111111111 = 12345678987654321$$

5. परिपूर्ण धन (Perfect Cube)—

$$153 = 1^3 + 5^3 + 3^3$$
$$370 = 3^3 + 7^3 + 0^3$$
$$371 = 3^3 + 7^3 + 1^3$$
$$407 = 4^3 + 0^3 + 7^3$$

6. संख्या का दो संख्याओं के मध्य विविध संक्रिया निरूपण—

(i) $1\frac{1}{2} \times 3 = 1\frac{1}{2} + 3$, $1\frac{1}{3} \times 4 = 1\frac{1}{3} + 4$, $1\frac{1}{4} \times 5 = 1\frac{1}{4} + 5$

(ii) $1 \times \frac{1}{2} = 1 - \frac{1}{2}$, $2 \times \frac{2}{3} = 2 - \frac{2}{3}$, $3 \times \frac{3}{4} = 3 - \frac{3}{4}$

(iii) $1\frac{1}{3} \div \frac{2}{3} = 1\frac{1}{3} + \frac{2}{3}$, $2\frac{1}{4} \div \frac{3}{4} = 2\frac{1}{4} + \frac{3}{4}$,

$3\frac{1}{5} \div \frac{4}{5} = 3\frac{1}{3} + \frac{4}{5}$

7. 100 का 1 से लेकर 9 तक के अंकों से बनी भिन्न द्वारा निरूपण—

$81\frac{5643}{297}$, $81\frac{7524}{396}$, $82\frac{3546}{197}$, $91\frac{5742}{638}$, $91\frac{5823}{647}$

$91\frac{7524}{836}$, $94\frac{1578}{263}$, $96\frac{1428}{357}$, $96\frac{1752}{438}$, $96\frac{2148}{537}$

$3\frac{69258}{714}$

8. 100 का 0 से लेकर 9 तक के अंकों से बनी भिन्नों के योग द्वारा निरूपण—

(i) $70 + 24\frac{9}{18} + 5\frac{3}{6} = 100$

(ii) $80\frac{27}{54} + 19\frac{3}{6} = 100$

(iii) $87 + 9\frac{4}{5} + 3\frac{12}{60} = 100$

(iv) $50\frac{1}{2} + 49\frac{38}{76} = 100$

9. समान पाँच अंकों द्वारा 100 का निरूपण—

(i) $111 - 11 = 100$

(ii) $33 \times 3 + \frac{3}{3} = 100$

(iii) $5 \times 5 \times 5 - 5 \times 5 = 100$

(iv) $(5 + 5 + 5 + 5) \times 5 = 100$

(v) $\left(\frac{22 - 2}{2}\right)^2 = 100$

(vi) $99 + 9^{9-9} = 100$

10. 1 से लेकर 9 तक सभी अंकों से 100 का निरूपण (अनुलोम-क्रम)—

(i) $1 + 2 + 34 - 5 + 67 - 8 + 9 = 100$

(ii) $123 - 4 - 5 - 6 - 7 + 8 - 9 = 100$

(iii) $123 + 45 - 67 + 8 - 9 = 100$

(iv) $12 - 3 - 4 + 5 - 67 + 89 = 100$

(v) $1 + 23 - 4 + 5 + 6 + 78 - 9 = 100$

(vi) $12 + 3 - 4 + 5 + 6 + 7 + 8 + 9 = 100$

(vii) $123 + 4 - 5 + 67 - 89 = 100$

(viii) $123 - 45 - 67 + 89 = 100$

(ix) $12 + 3 + 4 + 5 - 6 - 7 + 89 = 100$

(x) $1 + 23 - 4 + 56 + 7 + 8 + 9 = 100$

11. 1 से लेकर 9 तक सभी अंकों से 100 का निरूपण (प्रतिलोम-क्रम)—

(i) $98 - 76 + 54 + 3 + 21 = 100$

(ii) $9 - 8 + 76 + 54 - 32 + 1 = 100$

(iii) $98 + 7 + 6 - 5 - 4 - 3 + 2 - 1 = 100$

(iv) $98 - 7 - 6 - 5 - 4 + 3 + 21 = 100$

(v) $9 - 8 + 76 - 5 + 4 + 3 + 21 = 100$

(vi) $98 - 7 + 6 + 5 + 4 - 3 - 2 - 1 = 100$

(vii) $98 + 7 - 6 + 5 - 4 + 3 - 2 - 1 = 100$

(viii) $98 + 7 - 6 + 5 - 4 - 3 + 2 + 1 = 100$

(ix) $98 - 7 + 6 + 5 - 4 + 3 - 2 + 1 = 100$

(x) $98 - 7 + 6 - 5 + 4 + 3 + 2 - 1 = 100$

□□□